RUMEURS À L'AUBE

Benoît Lacroix

RUMEURS À L'AUBE

En collaboration avec
Simone Saumur-Lambert et Pierrot Lambert

FIDES

Conception de la couverture : Gianni Caccia
Mise en pages : Marie-Josée Robidoux
En couverture : © Maxim Khytra

*Catalogage avant publication de Bibliothèque et Archives nationales du Québec
et Bibliothèque et Archives Canada*

Lacroix, Benoît, 1915-2016

Rumeurs à l'aube

ISBN 978-2-7621-3960-0 [édition imprimée]
ISBN 978-2-7621-3300-4 [édition numérique PDF]
ISBN 978-2-7621-3387-5 [édition numérique ePub]

1. Lacroix, Benoît, 1915-   - Entretiens. 2. Vie spirituelle. 3. Théologiens - Québec (Province) - Entretiens. 4. Dominicains - Québec (Province) - Entretiens. I. Saumur-Lambert, Simone. II. Lambert, Pierrot, 1945- . III. Titre.

BX4705.L234A5 2015   230'.2092   C2015-942021-0

Dépôt légal : 4e trimestre 2015
Bibliothèque et Archives nationales du Québec
© Groupe Fides inc., 2015

La maison d'édition reconnaît l'aide financière du Gouvernement du Canada par l'entremise du Fonds du livre du Canada pour ses activités d'édition. La maison d'édition remercie de leur soutien financier le Conseil des arts du Canada et la Société de développement des entreprises culturelles du Québec (SODEC). La maison d'édition bénéficie du Programme de crédit d'impôt pour l'édition de livres du Gouvernement du Québec, géré par la SODEC.

IMPRIMÉ AU CANADA EN AVRIL 2016 (2e réimpression)

 Financé par le gouvernement du Canada Funded by the Government of Canada | Canada

AVANT-PROPOS

Sollicité par de multiples auditoires, le p. Lacroix poursuivait toujours, à 97, 98 ans, une grande conversation avec le monde, après avoir exposé, dans *Que viennent les étoiles!,* les couleurs de son espérance.

Il a eu l'idée à cette époque pas si lointaine de dire ses coups de cœur à la vie sous forme de souvenirs, de courtes fictions ou réflexions, qui forment la troisième partie de ce livre.

Au tournant de sa centième année, une défaillance rénale le forçait à une inactivité partielle. Nous avons recueilli l'essence des conversations tenues avec lui pendant quelques mois, alimentées comme toujours d'expériences et de lectures mutuelles. Entre une sagesse paysanne, un certain stoïcisme et une vision chrétienne du don de soi s'esquisse une spiritualité de la vieillesse, où la dépossession de soi peut devenir acte d'offrande.

Enfin, nous avons retrouvé avec le p. Lacroix certains textes spirituels publiés dans des revues pour les rendre plus accessibles. Le p. Lacroix a ajouté deux réflexions nouvelles dans cette partie médiane.

Le titre donné à ce recueil s'inscrit naturellement dans le sillage de *Que viennent les étoiles!* pour dire une espérance évoquée dans le texte «Nuit… en fin de vie» : «Ô nuit, où est ta victoire?»

Simone Saumur-Lambert
Pierrot Lambert

PARTIE I

Conversations
avec Simone Saumur-Lambert
et Pierrot Lambert

UNE RETRAITE FORCÉE...
ACCEPTÉE

Vous approchez les 100 ans. Vous étiez jusqu'à tout récemment plus actif que la moyenne des gens de 75 ans… La maladie vous force à l'inactivité[1]. Qu'avez-vous expérimenté ces dernières semaines?

Il y a l'incertitude de la vie… j'accepte ce qui peut m'arriver.

J'ai vécu une expérience imprévisible: être tombé par terre en pleine activité.

Arrêté en plein vol.

Une grâce: il était temps que l'on m'arrête… que je m'arrête.

Me voici.

Quelle a été votre réaction première, quand vous avez constaté où vous en étiez?

L'abandon…

Je suis certain que Dieu le veut, comme on disait au Moyen Âge.

---

1. Cette partie de nos entretiens s'est déroulée à l'infirmerie des soeurs de Sainte-Anne, à Montréal, où le père Lacroix a séjourné à l'automne de 2014.

Cette maladie me permettra-t-elle d'approfondir des sentiments, de mettre en ordre des dispositions intérieures ? Ce n'est pas le temps des extases. Plutôt la nuit des sens.

Ça me permet de voir ma vie, mon passé, avec une grande lucidité, et ça m'empêche de me révolter.

Oui, j'accepte de prendre ma retraite, même si je suis attaché à des projets déjà en route. Accepter par entêtement sacré ? Probablement.

Si vous écriviez un nouveau chapitre d'un livre, que mettriez-vous en exergue ?

Que ta volonté soit faite sur la terre comme au ciel.

C'est difficile ?

Oui et non… le jour où tu acceptes, où tu rencontres en pensée celui qui t'a donné la vie, qui t'a aimé le premier, et le Christ… qui a accepté tellement de choses…

J'ai beaucoup prêché l'abandon aux autres. Maintenant, à moi de le vivre !

J'ai assisté des malades, et même des mourants. Tout ce que j'ai dit aux autres, je dois maintenant le vérifier par rapport à moi… je n'ai pas triché quand je l'ai dit… je n'ai pas à tricher quand je le vis…

Mes reins sont très menacés. La maladie est presque en phase terminale. À moi d'être lucide et vrai avec moi-même.

Vous avez été angoissé de ce choc ?

Je n'ai pas eu d'angoisse violente. J'ai été comme un habitant dont la grange vient de brûler… Fatalisme rural… c'est ça, donc c'est ça… Pas de révolte… une grâce. La grâce d'accepter l'événement qui s'est imposé brutalement à ma vie.

Aristote peut me parler du bonheur comme d'un bien suprême. Ici, j'apprends que le bonheur est en devenir.

« Que ta volonté soit faite », ce n'est pas de la résignation ?
Pas du tout. Ça part de la réalité, comme à la ferme, où tu obéis aux saisons. C'est plus que du fatalisme. Ne te laisse pas avoir par la douleur, le regret, la nostalgie... Tu te mets en face d'une situation inattendue.
Temps de réflexion. Temps d'approfondissement.

Vous faites le lien entre ce moment-ci dans votre 100ᵉ année et votre enfance à la ferme.
Oui. Je serai toujours un enfant de la ferme...

Beaucoup de choses se sont imposées à vous durant ces décennies... qu'est-ce qui est important ?
J'ai donné ma vie... Oui, j'ai fait des erreurs. J'ai dévié. Je le sais.

Mais ?
« Jamais découragé parce que toujours pardonné », comme on dit à Taizé.
Après avoir dit tant de beaux mots aux autres, c'est le temps de montrer que je disais vrai.
Je ne suis pas malheureux, je ne joue pas le jeu du bonheur...
Dans les moments difficiles, c'est là qu'on retrouve le meilleur de soi... et souvent qu'on devine le meilleur des autres aussi.
Inattendue... cette affaire qui m'arrive... Je n'avais jamais prévu cela... C'est comme un accident de voiture...

Entre-temps, je découvre Jésus face à la vie, face à la mort. Assez unique.

Le pape François souligne que l'optimisme et l'espérance, ce n'est pas la même chose.

Dans l'espérance ressort son message des promesses divines en particulier; l'optimisme s'appuie plutôt sur la bonté humaine et ses rêves. Les deux sont invités à dialoguer sans jamais s'exclure.

Ce qui nous frappe dans vos échanges, comme celui que vous avez eu avec Françoise Faucher dans une émission sur elle diffusée récemment à la télé, c'est l'intuition de la bonté du monde, qui vous porte à voir l'avenir avec espérance, sans pouvoir ni vouloir formuler cette espérance dans les moules traditionnels... Nous sommes fascinés par cette sorte de bonheur qui croît avec l'âge, de manière tout à fait incompréhensible... Pourtant, cette sérénité ne se manifeste pas chez toutes les personnes qui prennent de l'âge. Il semble qu'un profond sentiment d'insécurité habite bien des personnes «âgées».

Insécurité entretenue souvent par certains médias trop attirés par le spectacle. Pouvoir excessif du visuel sur la pensée moderne. La sérénité obéit à d'autres motivations, j'oserais dire plus nobles.

Pourquoi ai-je cette intuition de la bonté du monde malgré toutes ces mauvaises nouvelles ici et là racontées, voire publicisées?

Ma réponse a toujours été celle du pasteur Martin Luther King († 1968), quelques mois avant sa mort brutale: «Les gens sont meilleurs que leurs actes.» De même, la lumière est plus forte que les ténèbres, le bien plus fort que le mal. Et selon le mot explicite du Christ, la vie est plus forte que la mort.

Non, il ne s'agit pas de renier le journalisme de pointe, à l'affût de ce qui fait la nouvelle, mais il reste que, malgré tous les contrecoups, la famille demeurera toujours l'institution essentielle, l'amour aura toujours le dernier mot... au fin fond du cœur humain... Nous sommes meilleurs que nos limites.

Parlons de sérénité.

✳ Ma sérénité, je la dois moins aux sermons et enseignements entendus durant plus de 90 ans qu'à la considération assidue de la manière dont Jésus cohabite avec le mal sans pourtant mépriser les personnes (sauf les hypocrites).

Lui, Jésus, en route est mon gourou, ma loi suprême, ma sérénité.

Jésus est, en plusieurs sens, mon modèle humain avant de devenir peu à peu ma source première d'énergie divine et peut-être d'une acceptation franche de la vieillesse et, depuis aussi quelque temps, de la maladie.

✳ Le fait que j'ai connu d'abord la rigidité morale ancestrale me fait davantage apprécier la douceur du message évangélique.

✳ Seulement les personnes qui ont connu et fréquenté la rigidité apprécient davantage la douceur du message chrétien. Certains propos de Confucius, la voix de Sénèque, de Montaigne et autres « sages » de la modernité nous le rappellent à leur façon. Sérénité faite de bon sens et de générosité qui en appelle au meilleur de notre humanité réconciliée avec elle-même.

Est-ce que la maladie menace cette sérénité ?

Quant à savoir si la maladie heurte la sérénité jusqu'à la supprimer, c'est oui et non. La tempête empêche-t-elle le soleil de tracer sa route du matin au soir ? Menacée par la maladie, la sérénité peut se faire à l'occasion refus, acceptation, offrande.

Un défi quotidien qui rassure l'âme et le cœur en les appelant à un certain dépassement. D'où une paix intérieure chez les grands malades, qui intègre et parfois surpasse les intentions médicales.

Les médecins qui visitent régulièrement ces religieux et ces religieuses en résidence forcée sont étonnés d'y observer des conduites qui parfois frôlent l'héroïsme. La sérénité de ces « consacrées » tient d'abord à la sensation d'une vocation accomplie. Je les observe moi-même, les dizaines et dizaines de religieuses de la congrégation des Sœurs de Sainte-Anne, marquées par la maladie.

Leur sérénité se laisse modeler par la même spiritualité du don et de l'offrande. Je note en plus que la plupart de ces femmes brisées par la vie, le travail, sont encore ensemble. Ce n'est pas qu'elles se comparent. La mort n'a pas d'âge, pas plus que la maladie. Mais elles se sentent comme partenaires dans la joie aussi bien que dans la souffrance. Comme ces vieux couples que je rencontre. Pour le moment ensemble. Quelle solidarité ! Et sans illusion. Leur sérénité va de soi, je dirais.

L'autre raison d'admirer la sérénité de ces femmes en infirmerie, c'est de considérer le dévouement qui les entoure. Personnel laïque souvent, qui les comprend, qui les soigne... Cette qualité de soins rassure. On ne la retrouve pas toujours ailleurs, comme dans les hôpitaux où la clientèle est souvent anonyme et passagère.

Enfin, moi-même, je profite depuis 60 ans de la bienveillance d'une communauté de « frères » à qui je dois l'exemple d'une tolérance que l'Évangile ne cesse de provoquer et d'animer au jour le jour.

Nous parlons de sérénité. Nous pourrions parler du bonheur...

Stendhal († 1842) parle d'un devoir que nous avons envers nous-mêmes.

Pourtant ce même bonheur désiré, désirable, a pris différentes formes à travers l'histoire humaine. Pour certains, c'est l'avoir, le pouvoir ou le savoir ; pour d'autres, c'est la gloire, la renommée, ou même la volupté ; mais pour la majorité, c'est la santé.

À l'arrière-plan de toute cette recherche du bonheur, il y a le même besoin de s'accomplir.

L'histoire du bonheur est aussi mouvementée et fascinante.

C'est ce que le Christ appelle « le Royaume au-dedans de nous ». Ce qui expliquerait que souvent les pauvres, les malades, même, sont les plus heureux du monde. La vraie richesse est au-dedans de soi.

Toutefois, ce n'est pas de posséder ou de ne pas posséder qui le rend heureux : c'est avant tout d'aimer, de faire aimer l'amour. Tagore et bien d'autres, tel le Christ, l'ont dit et vécu : il y a plus de bonheur à donner qu'à recevoir. Donner, se donner aux autres, à l'Autre, à plus grand que soi, voilà la vraie recette ! Bref, si tu es riche, donne de ton bien. Si tu es pauvre, donne ton cœur. Le voilà, le bonheur ! Le voilà ! Le voici !

Parlant de bonheur, une affaire d'âge aussi... Rien ne peut plus vous surprendre ?

Quant à savoir si le bonheur croît avec l'âge, j'hésite à vous répondre. Le bonheur auquel je pense est plutôt qualitatif ; il relève d'états d'âme, il est variable selon la vie plutôt que selon l'âge.

Pour ma part, j'ai toujours dit et même prêché que le bonheur exige la durée pour être authentique. Cette possession d'un bien durable, comme il se définit officiellement, n'est pas toujours accordée à nos changements et à notre mobilité. Il n'est pas tellement relié à l'actualité non plus ; le bonheur est davantage le chef-d'œuvre d'un quotidien ordinaire, domestique, et noblement intégré. L'autre matin, j'ai rencontré une dame qui balayait son perron en chantant. « Pourquoi chantez-vous ? » Sa réponse : « Je suis heureuse parce que mon perron est déjà propre. » Il en faut si peu pour être heureux ! Je pense à une remarque de Jésus, prophète plein de sagesse, qui disait que « les derniers » sont souvent les premiers à célébrer leur bonheur.

Une question, inspirée de L'album multicolore *de Louise Dupré : pour vivre jusqu'à un âge très avancé, ne doit-on pas refuser de lâcher prise ? Défier le bon sens, contre toute logique ? Y aurait-il un entêtement à vivre qui aiderait à prolonger sa vie ?*

Lâcher prise, ce n'est pas nécessairement une capitulation. Le jour cède à la nuit. Le corps cède au sommeil sans se culpabiliser. L'univers sportif nous en offre des exemples, des preuves. Le vrai coureur, la vraie nageuse doit savoir se ménager des pauses, « la pause qui rafraîchit ».

Lâcher prise ne représente-t-il pas une certaine obéissance à la nature ? Et la nature est fondamentalement bonne. Comme nous autres, vous, moi !

Donc vous ne considérez pas votre âge avancé comme un trophée... vous ne considérez pas comme des « faibles » les personnes mal en point à 70 ans...

Pour tout dire, quitte à me répéter : sérénité, goût et pratique du bonheur ne sont pas reliés à l'âge. Je n'irai pas jusqu'à considérer mon âge — quasi centenaire — comme un trophée. On est malade à tout âge, on meurt à tout âge. L'important est de voir le monde tel qu'il se présente pour ensuite percevoir qu'à travers la maladie, l'âge, la santé intérieure est toujours possible.

AVENIR EN DEVENIR

Dans L'innovation destructrice, *Luc Ferry souligne que maintenant on remplace les idées comme on remplace les appareils informatiques… Par exemple, on accepte le mariage gay alors que c'était impensable il y a quelques décennies… Vous, vous êtes dans votre 100ᵉ année… Avez-vous le sentiment que votre vie a une unité, ou qu'il y a des lignes de rupture, comme dans certaines attitudes en matière morale ?*

⚸ J'ai toujours lutté pour respecter les différences… Ces histoires d'homosexualité ne m'ont jamais troublé. J'ai peur qu'ici comme ailleurs, on oublie les différences et les distinctions au nom d'une égalité théorique. L'Évangile respire l'unité jusque dans la diversité des personnes.

Ferry dit que notre société ne se reconnaît plus dans ce qu'elle était.

⚸ Notre société est nostalgique. Entre-temps, je note un grand respect de la nature et du cosmos, ce qui est en soi un sentiment sacré.

Mais la question que pose le jugement de Luc Ferry est celle de l'obsolescence.

Le danger de la morale, ou de la foi, est qu'elle devienne figée, stéréotypée. Comme une affiche à ne jamais modifier ! Comme si la vie ne passait pas par là, comme si l'affiche avait tout réglé à l'avance.

Il faut des normes, bien sûr, mais des normes à relire, à interpréter. Non pas à abolir, disait Jésus, mais à parfaire. Une fois encore, disons et redisons que la loi en un sens est extérieure à la vie, qu'elle est précédée par un jugement qui est toujours à réviser… c'est ainsi qu'il est bien de parler d'union libre, d'homosexualité. Sauf que, concrètement, pratiquement, l'union libre, l'homosexualité ne sauraient être gérées ou jugées que par une personne assez généreuse et assez intelligente pour ne pas capituler devant la facilité ni devant une loi ou une permission déterminées à l'avance.

La vraie liberté est au-dedans de soi et non dans l'écoute des opinions…

Et la continuité ?

C'est la fidélité au meilleur de soi, c'est la réflexion critique, c'est le soleil qui continue à éclairer même sous les nuages, ce sont les racines qui, invisibles, assurent la vie de l'arbre, c'est le tracé d'une route à parcourir selon l'âge et les événements.

La continuité, c'est le devenir en action, c'est le cosmos et ses saisons, c'est la vie et ses âges qui se suivent…

La continuité était assurée dans le passé par la tradition, les règles de vie transmises de génération en génération…

Autrefois, j'avais tout pour ne pas vivre dans une inquiétude accélérée. Je devais m'en remettre en tout premier lieu à la loi. Ma mère nous enseignait le sens du devoir, de la droite conduite, de la confession mensuelle, etc. En lisant et relisant maintenant les écrivains de la miséricorde et du pardon — ils sont nombreux —, j'apprends peu à peu à éclairer davantage ma conscience. De toute évidence, le Christ n'est pas loin, lui que le péché n'a pas effarouché, mais qui, pour aller au bout de sa vérité, a payé la dure note d'une mort ignominieuse. Je doute que je puisse l'imiter à la lettre.

Mais la continuité aussi, c'était l'habit dominicain, que vous portiez partout jusque dans les années 1950...

Ce changement de costume ! C'est arrivé officiellement dans les années 1950. À la suite d'une proclamation du cardinal Léger.

Pour moi et la famille Lacroix, c'était tout un événement. Pour ma mère, surtout. Pour mon père aussi, qui se sentait valorisé de m'accompagner ainsi en habit dominicain, en habit blanc... sûrement plus visible et plus beau que la soutane noire de monsieur le curé, celui qui à l'époque veillait sur toute la paroisse, ville et rangs. Pour les habitants des rangs — nous demeurions à l'est du 3e Rang —, quelle promotion sociale d'attirer ainsi tous les regards du village, fixés sur un jeune ecclésiastique des « pays d'en haut » où vivent et travaillent des gens ordinaires !

Il y a davantage : l'habit lui-même (tunique, ceinture, scapulaire et capuce) ne peut qu'honorer celui qui l'a revêtu. Il est noble, élégant, bien taillé, blanc surtout, avec l'avantage d'être très ancien puisque depuis le sixième siècle il signifie un choix de vie particulier et plutôt marginal. De quoi attirer l'attention du peuple.

Ma mère tenait fort à mon habit blanc. Peut-être que cette longue tunique imposait à ma personne une certaine dignité inattendue. De toute façon, un corps voilé cache mieux ses défauts… je me souviens encore d'avoir entendu ma mère dire gravement à ma jeune sœur : « Plus ta jupe est longue, plus tu es belle. »

Professeur à l'Institut d'études médiévales, je note que l'habit blanc me donne auprès des étudiants une autorité supplémentaire. Des collègues clercs se sentent davantage obligés de mieux préparer leurs cours depuis qu'ils sont en habits civils…

Personnellement, j'adore revêtir mon habit blanc, mon vêtement religieux, pour la prière chorale, pour participer à la liturgie communautaire sous toutes ses formes. D'autre part, le vêtement civil me permet d'être avec tout le monde, d'être plus à l'aise. Mais je ne peux pas oublier ces simples occasions où en habit blanc dans le train, dans l'autobus, voire dans la rue, je recevais et partageais les secrets, les confidences qui libèrent, où j'entendais même ce que nous appelions des confessions réservées aux seuls prêtres en fonction.

Je reprends, je résume. L'abandon de l'habit clérical m'aura, et dans un sens difficile à établir aujourd'hui, permis de rejoindre plus de gens ; il a facilité jusqu'à l'extrême de l'audace l'exercice de mon ministère auprès du monde étudiant féminin. En habit civil, je suis comme tout le monde et je dois en quelque manière mériter, par la qualité de mes rapports humains, l'accès aux gestes sacrés.

Ce que je regrette finalement, c'est la facilité avec laquelle, en tant de circonstances, du moins en ce qui a trait à l'habillement, nous avons peut-être négligé le sens du sacré, l'esthétique, le respect de la fonction.

Peut-être est-ce cela le progrès : redonner au sacré un sens plus intérieur qui obligerait moins au respect du vêtement que de la personne et, par le fait même, de la fonction.

Bien sûr, en fréquentant certaines pages étonnantes de Thérèse de Lisieux, j'apprécie mieux les leçons de pardon, de tranquillité et de lente douceur offertes par Jésus.

Nous percevons chez vous une certaine nostalgie et, pourtant, vous aimez le changement.

J'aime les changements. Ils assurent l'avenir de la durée. Oui, nous sommes entrés dans l'ère du changement. S'inquiéter? Pas trop. Le changement assure ou rassure la durée. Qui ne change pas ne dure pas, est promis à ne pas être un jour ou l'autre. Au contraire, le changement est l'acte du devenir, un acte d'être.

Qui ne change pas ou, pire, qui ne veut pas changer est promis au *non-être*. Au contraire, par et avec le changement s'opèrent l'enracinement, le goût de la durée, la durée elle-même.

Idéologiquement, je peux me complaire dans l'instant, le magnifier au besoin. Mais je sais bien qu'au fil du temps l'instant devient un autre instant. Nous voulons le posséder, mais il ne nous appartient pas. Moi, en route, en devenir avec le temps, j'en suis à ma centième année. Je le sais fort bien et je me dis à la manière de Lamartine: «Le temps est ton navire et non pas ta demeure.» Ou encore, à la manière des premiers penseurs chrétiens aux prises — déjà! — avec le devenir du temps et de la vie: «La vie est un pont, traverse-le, mais n'y fixe pas ta demeure.»

Quand accepterons-nous le devenir, le devenir du changement, qui à son tour devient?

Que j'aime cette vieille sagesse du quotidien: «À chaque jour suffit sa peine. À chaque moment, sa grâce. Au jour le jour la vie…»; «Donne-nous le pain de ce jour».

Enfin, avec Khalil Gibran: «C'est dans la rosée des petites choses que le cœur trouve son matin et se rafraîchit.»

Le changement se poursuit dans notre société, qui pose un nouveau regard sur ses rapports aux valeurs et à son passé religieux, comme en témoigne le film L'heureux naufrage ou l'ère du vide d'une société post-chrétienne[2]...

Ceux qui ont fait le film sont des jeunes qui veulent comprendre ce qui arrive à la religion au Québec. Après le naufrage, voici le fleuve, et la mer qui est toujours là... en attente.

L'institution-Église est examinée de l'extérieur.

Une crise de la culture s'affirme. Le film (un documentaire de 47 minutes réalisé en 2014) est un partage de différents penseurs et acteurs de la crise. Le ton porte plus à la réflexion qu'à la condamnation.

Mais l'avenir du monde, l'avenir de l'Église? Comment ne pas s'inquiéter? Tant de fanatismes qui s'affrontent, tant de logiques de guerre qui ne laissent aucune place à la raison?

Il y a de quoi s'inquiéter. Il y a le mot de Jésus: «le monde passe». Avec cette précision selon laquelle certaines choses ne passent pas, que ce soit l'amour, son message de vie ou l'attente d'un royaume.

La sérénité tient à ce qu'on sache vivre ainsi, élargir son regard: «Regardez les oiseaux du ciel.» Interroger le meilleur de ce qui ici et là est proclamé. Il y a Sa parole «qui ne passera pas».

Bref, il s'agit de choisir les actes du vrai bonheur: voir la réalité, donner sa vie et, par-dessus tout, aimer. Lui, l'amour, est une réalité qui ne passera jamais. Même la mort n'y peut rien pour le détruire.

Vous affichez par contre un certain optimisme quant à l'avenir des semences d'Évangile le long de votre cher fleuve.

---

2. Le père Lacroix figure dans ce film.

Est-ce parce que vous avez depuis longtemps fait le deuil de la chrétienté?

La chrétienté sous ses aspects plus extérieurs passe et passera. «Mon royaume n'est pas de ce monde.» L'Église a commencé dans des maisons, puis des temples, et s'est ensuite faite impériale, monarchique. Un vent nouveau souffle. Présence évidente de l'Esprit promis par Jésus en personne.

Dans votre dialogue avec Boucar Diouf (dans Les forces de l'âge*), vous parlez une fois de plus du chenal... la partie la plus importante (la plus durable?) de la vie.*

Le chenal me paraît être le thème heureux d'une parabole qui rejoint certaines pages d'Évangile. Les vagues passent. Le chenal passe. Invisible. Plus lent, plus directif que les vagues, il tient le cap et permet au fleuve de déboucher à Gaspé, dans l'océan.

L'Évangile est comme un chenal. Les commentaires, nos homélies passent, mais le message d'amour, chenal souvent oublié, tient toute la Parole de Dieu en route à l'intérieur de chacun de nos cœurs.

Vos propos nous rappellent ce que vous disiez au sujet de la vérité du quotidien cachée sous l'actualité. Votre texte « Chaque jour, un autre jour » (un cadeau de la vie), inspiré d'Anne Hébert, reprend ce thème autrement.

Chaque jour, oui, chaque jour suivre son cœur. Comme le dit noblement un sage du Rwanda: «Le roi d'une personne est son cœur. »

Le don en soi demeure fondamental, naturel. Tout l'univers fonctionne avec le principe qu'il n'y a pas de plus grand geste d'amour que de donner sa vie aux personnes qu'on aime. Il y a plus de bonheur à donner qu'à recevoir, comme le déclare si sagement Jésus de Nazareth.

Savoir durer dans le don de soi est déjà tout un programme de vie.

Entre-temps, il ne faut pas oublier que tout va, tout passe, et tout est vanité. Le Qohelet (Ecclésiaste) 1, 2 et 3 nous avertit à sa manière : « Vanité des vanités, tout est vanité. Quel intérêt a l'homme à toute la peine qu'il prend sous le soleil ? »

Nous avons beau désirer le durable, la continuité, et craindre l'éphémère, nous ne pouvons pas ne pas mourir, ne pas être malades, ne pas vieillir.

Dans notre monde où la valeur du changement a remplacé celle de la durée, n'avons-nous pas à retrouver des repères qui permettent d'associer le changement et la durée ?

Pour moi, très âgé, être, c'est encore devenir ce que je suis. Seul le Dieu de la Bible peut proclamer en toute vérité : « Je suis celui qui suis. »

C'est en rencontrant des gens de différentes cultures et surtout en m'examinant moi-même que j'ai appris au fil du temps, en étant autre chaque jour, la vérité du devenir.

Ces mots des anciens m'enthousiasment autant qu'ils me rassurent : « Deviens ce que tu es… ne cesse de sculpter ta statue. »

Tout savoir, avoir toujours raison, est un objectif de moins en moins possible à atteindre. Idéal nécessaire pourtant. Qui est en route sur le chemin de la vie n'avance pas s'il ne croit pas s'approcher tout en mesurant que sa route, pour le moment ouverte et possible, n'est que le chemin.

Ce qui compte, ce sont tes pas, par lesquels tu avances petit à petit.

Chemin merveilleux de la vie ! Chemin par étapes et selon la mesure des pas accumulés.

Ma croyance veut justement que ce chemin reste ouvert au-delà de l'immédiat.

Tout est grâce!

J'avance, je deviens, je crois que la vie « autrement » sera comme le devenir d'un amour glorieux alors que tout deviendra à jamais amour, amour!

Tout est vanité... et devenir, pardon!

Tout est vanité parce que tout devient. Devenir, c'est être en chemin. Devenir, c'est déjà être. Qui n'existe pas ne devient pas. *Devenir* est le mot voisin de être.

Ma vie devient. De même que mon corps.

Le temps, lui, est passager. Il fuit, il devient à mesure qu'il s'affirme. C'est ainsi que la foi du croyant vit la triple aventure du don que lui imposent tour à tour le temps qui ne cesse de changer, l'espace forcément restreint qui est le sien et, finalement, la liberté de choix qui définit son propre cheminement.

Il demeure que pour durer malgré tous les caprices de l'histoire, nous avons besoin de repères. Le premier repère, celui que je préfère, est le don de soi à plus grand que soi. Le second est l'attachement au quotidien qui ne peut que s'imposer face aux changements. Chaque jour, tu travailles et tu te reposes. Le troisième est celui où l'on redonne la priorité à l'amour des siens.

Le changement, c'est aujourd'hui. La durée engage l'avenir. Une civilisation marchande, qui est reliée forcément aux caprices de l'économie, ne peut que favoriser le changement sans pour autant assurer l'avenir.

Nous apprenons cette dimension du devenir même dans les choses de la foi.

Une conviction chère à mon confrère, le théologien de la transcendance : « La foi est une aventure qui se vit dans le temps[3]. »

Comment vivre l'antipermanence ? Comment réagir sans perdre ma liberté de choix ? En acceptant ce fait issu du progrès matériel comme un événement de société, en interrogeant mes propres conduites quant à savoir jusqu'à quel point je suis devenu dépendant des modes qui passent ou d'une opinion publique à la remorque de la « nouvelle ». Il demeure que l'âge aidant, plusieurs de nos contemporains, sinon la majorité, finissent par ralentir en eux le pouvoir du changement autrefois signe de progrès.

Vous avez fait vos classes dans un cadre intellectuel censé être permanent (philosophia perennis). *La doctrine de l'Église était inséparable de cette grande culture de la chrétienté médiévale. Or, aujourd'hui, plus personne (sauf une partie de l'Église) ne se réfère à ces constructions intellectuelles « permanentes ». Même la métaphysique a été congédiée.*

L'histoire des cultures m'apprivoise avec tous les changements possibles. Les mêmes vérités peuvent se dire autrement selon différents langages. La métaphysique elle-même se fait aujourd'hui plus interrogative. Les athées ne cessent d'écrire sur la religion. Le sacré est irréversible. Nos rêves sont des désirs variables, à la recherche d'un bien absolu, durable. Le bien se désire, est toujours désirable.

---

3. Voir Louis Roy, O.P., *La foi en dialogue,* Novalis, 2006, p. 13-27.

Comment le dominicain que vous êtes vit-il la dévalorisation de la permanence ?

Pour moi, Dieu seul est. Dieu seul est permanent. Tous nos projets sont relatifs. La permanence est un rêve positif, comme l'envers d'un désir du toujours être.

Nous vivons sur des plateaux de vie qui donnent l'illusion de la permanence... à moins d'être à la poursuite d'un objectif important... Y a-t-il ici et là des signes de permanence ? Le désir est là, lointain ou proche... mais la réalité ?

Nous souhaitons durer. Comme ces anciens penseurs qui ne cessent de s'interroger sur l'immortalité de l'âme. Désir naturel, désir inévitable. Le bien, comme le vrai, est une réalité qui ne demande qu'à exploser. *Bonum est diffusivum sui esse* (L'essence du bien est de se diffuser), comme disent les scolastiques instruits.

À l'âge de la retraite, comment une personne peut-elle trouver dans son devenir une source de bonheur ? Alexandre Lowen disait : « Le bonheur est le sentiment de croître. »

À l'âge de la retraite, ces quelques mots s'imposent : lucidité sur son propre sort. Tu ne peux revenir en arrière ni même continuer ta marche, la marche de la vie, comme tu le faisais il y a 10, 15, 20 ans. Ta lucidité est de constater, en vue de les accepter, les limites de l'âge.

Deuxième démarche de ta retraite ? Continuer à offrir, à donner ta vie aux plus jeunes. C'est bien parti de votre part, vous aimez tellement vos petites-filles.

Nos petites-filles sont en plein développement et ça nous stimule énormément.

Vous aimez parler de vos petites-filles ! Je vous comprends ; moi, un homme de 99 ans, j'aurai toujours été fasciné par les petites filles, enfants et adolescentes.

Fascination et richesse de la différence.

Il y a davantage. Celle que nous offre la nature féminine, la même à travers le monde. Les chemins de l'enfance ne sont-ils pas les mêmes ? Enfant, adolescent, on est déjà ce qu'on deviendra !

Comme on dit souvent : « Les fleurs de l'avenir sont dans les semences d'aujourd'hui. »

Déjà ces petites-filles sont des fleurs en devenir. Tout est déjà tracé un peu à l'avance : elles ont leur famille, leur erre d'aller. Ce qu'elles seront ? Qui sait ? Mais un bon départ ne peut se terminer en échec. En épreuves, sans doute, mais celles-ci ne restent que des étapes.

Pensons à notre propre parcours. Des guerres meurtrières tout près, une jeunesse alertée par les succès techniques… Il y a des exemples de courage : Joannie Rochette « célèbre » la mort de sa mère en devenant championne olympique. Mylène Paquette, à 35 ans, est seule sur l'océan pendant 129 jours. Et Julie Payette… et tous ces jeunes artistes en route, dans les conservatoires, les universités, dans les centres sportifs…

Y a-t-il une croissance personnelle qui soit source de bonheur ? Croissance intellectuelle (le fait d'apprendre) ou croissance spirituelle ? Mais vers où se tourner, vers quels guides ?

La croissance obéit à un processus naturel. Avec l'âge, la croissance intérieure est toujours possible. C'est ainsi que les vraies amitiés n'ont pas d'âge.

Il y a aussi le devenir des générations qui nous suivent. Voir ce que deviendra la vie humaine (longévité, santé, possibilités de clonage...) quand nos petites-filles seront grands-mères...

Même en fin de vie, je partage vos questionnements et votre inquiétude face à une nouvelle civilisation qui s'affirme : l'ère du numérique. Cette ère permettra d'accéder à de nouvelles manières d'apprendre, d'élever les enfants... et de conseiller des adultes à la fois surpris et craintifs.

Nous vivons en société un présent que nous ne comprenons pas bien et que l'on comprendra mieux dans 20 ans, avec un certain recul. Comment savoir ce qui se prépare dans notre société ? Comment, par exemple, comprendre les remous que provoque le débat sur la charte des valeurs dans la définition de notre devenir collectif, au-delà des modèles de laïcité ?

Je trouve important que nous en soyons venus à discuter de valeurs et à proposer de nouvelles avenues à notre société attirée davantage par le quantitatif. De ce point de vue, le Québec est fascinant. Il affirme, il rêve à haute voix. Et chacun a le droit de rêver... jusqu'à risquer le bon sens.

De ce point de vue, nous sommes plus Français qu'Américains. Pour moi, c'est une autre raison d'espérer pour l'avenir des idées et des sentiments qui nous habitent encore. Jusque dans la proposition d'un pays francophone en Amérique du Nord, un projet qui, à sa façon, indique que nous sommes bien une nation vivante.

Mais vieillissons-nous vraiment ? L'antique sagesse grecque veut qu'un vieillard soit deux fois enfant... tandis que le latin Syrius estime que mieux que l'âge, l'intelligence appelle la sagesse.

Sommes-nous vraiment dans une ère de changement? Cela semble une évidence, mais contestable comme toute évidence.

Le changement a toujours existé. Il est naturel, nécessaire, inévitable. Comme le mouvement, ce devenir continu dont parlent abondamment les écrivains de la pensée.

« Pas de progrès sans changement », disaient les vieux de mon pays. La terre, les saisons, surtout, leur avaient enseigné ce savoir qu'ils considéraient comme élémentaire.

Le changement devient discutable lorsqu'il s'attaque à la liberté humaine. Qui change peut aussi errer, mal évaluer. La liberté est un grand bien à protéger à tout prix.

Nos sociétés capitalistes et techniques nous obligent à suivre la mode, ce qu'elles appellent le progrès. La vitesse des changements est un handicap. Le temps prend toujours son temps. Nous n'en finirons jamais de nous adapter, à moins de ralentir. En serons-nous toujours capables?

Il y a quelques mois, nous avons cherché avec vous un mot clé pour résumer nos conversations et vous avez dit : « devenir ».

Ma pensée devient.

Ma religion devient.

Chaque saison devient… l'autre saison!

Toute la nature devant moi devient… au fil des saisons!

La création est inachevée.

D'où mon admiration pour ce mot qui viendrait du philosophe Plotin : « Ne cesse pas de sculpter ta propre statue! » ou de certains moralistes : « Deviens ce que tu es. »

Les langues deviennent.

Le corps devient.

Nous nous disons modernes. Il reste que les sociétés le deviendront.

À travers la diversité des lois, la vérité de l'histoire devient…

Nous vivons dans l'inachevé.

Rien, pour le moment, n'est vraiment terminal.

La spiritualité est-elle influencée ou influençable à cause de tous ces changements d'environnement ?

La spiritualité se définit mal avec des mots. Encore moins avec des chiffres. Elle est de l'ordre du mystère et de l'amour. J'aime d'abord la comparer à une clef qui ouvre la porte d'un château, ou à une lumière, ou, selon Jésus, au sel qui subtilement donne saveur aux aliments ; ou encore, toujours selon Jésus, au levain dans la pâte de la vie, ou au grain mis en terre et qui peu à peu donne son fruit.

En outre, une vie spirituelle authentique s'inspire des plus grands textes et témoignages de ce monde. Le dalaï-lama s'inspire de Bouddha comme Thérèse d'Avila du Christ, et Thérèse de l'Enfant-Jésus préfère les Évangiles à tous nos grands livres. Les avenues de la spiritualité sont connues : ce sont le silence, la méditation, la prière, la contemplation, qui, au sommet et à l'occasion, se transforment en actions caritatives.

Au lieu d'invoquer les lois et les sanctions, nous en appellerons davantage à la conscience personnelle, mieux informée et plus stimulée.

Quant à savoir si la spiritualité est un service rendu aux autres sous l'œil de Dieu qui en inspire le mouvement, je dirais que cela va de soi selon le principe établi et comme en spiritualité, à savoir que la lumière agit d'elle-même, qu'une chandelle allumée éclaire tout ce qui l'entoure.

De ce point de vue, la spiritualité est comparable à l'air qui agit de soi… Les vrais êtres spirituels vivent davantage d'intériorité que de programmation.

La spiritualité est comme la musique qui influence intérieurement chacun, chacune à sa façon. Une pièce de Bach ou de

Mozart bien écoutée parle différemment aux personnes. Un même paysage parle différemment à l'âme qui le contemple. Redire une parole biblique peut nous influencer.

Les spiritualités demeurent en même temps, et ce, même s'il leur arrive des événements extraordinaires, rattachées à la vie la plus quotidienne qui soit.

En cela nous pourrions évoquer ce que Jésus avait dit un jour : « Le royaume est au-dedans de vous. » « L'essentiel est invisible au cœur de l'homme », dirait le Petit Prince, ou mieux : l'essentiel est invisible…

APRÈS LES ÉTOILES,
LE PETIT MATIN

Vous qui interrogez les étoiles avec les astrophysiciens depuis quelques lunes, avez-vous cette impression que le « néant », c'est-à-dire ce qui était avant l'histoire du monde et qui sera après notre histoire personnelle, comme dit Jean d'Ormesson,
✶ *est une occasion formidable pour la foi religieuse de reformuler sa confiance envers le silence d'où sort et où retourne la vie ?*

Ces amis du cosmos m'inspirent à leur manière. Avec la nuit viennent les étoiles, puis s'affirme l'espérance d'une nouvelle aurore, d'une nouvelle lumière propre à un possible petit matin qui n'en finirait pas de s'affirmer. Un matin d'éternité !

Personnellement, j'ai l'impression que ce sont les savants et tout récemment les neuroscientifiques spécialisés qui posent les vraies questions aux théologiens ! Au-delà de cette facile hypothèse du big bang, ces savants, que j'aime tellement, se
✶ demandent, chiffres et instruments en main : d'où vient le vide ? L'espace est-il vraiment vérifiable ainsi que le temps qui le fuit ? Quelle est-elle, cette durée durable qu'on dit insondable et éternelle ? Sans oublier toutes ces hypothèses de laboratoire qu'appellent des certitudes lentes à venir. Toute cette science autour du climat à travers le monde, et ces mystères qu'appelle encore l'univers ! De ce point de vue encore, j'ai

un maître, Albert Einstein, qui n'hésite pas à faire appel au mystère, jusqu'à penser que ceux qui ne croient pas au mystère manquent de lumière.

Pour ma part, j'estime que ce silence face à l'inconnu que m'imposent tant de savants est une grâce de l'étonnement face à l'univers. J'admire d'autant plus ce silence que je le retrouve chez les contemplatifs et souvent chez les plus humbles.

Tout ce qu'ils me disent et m'apprennent de la contemplation muette de l'univers! Cet univers qui, selon les psaumes, chante sans cesse la gloire de Dieu, je le vénère. Vraie icône!

Je me dois d'oublier l'erreur populaire qui veut que le vide soit synonyme de néant. Le vide est visible. Il est une réalité. Le néant n'est rien, comme un zéro associé à un refus de penser. Le vide appelle une présence.

Comme vous deux, j'aime lire Jean d'Ormesson : un être d'espérance qui sait écrire aussi bien que penser à haute voix.

Pour Jean d'Ormesson, «la vérité est en marche», elle lui promet un agréable parcours. Il la remet en question : l'idée des autres, il la «manipule» avec grâce et aisance, jusqu'à rêver du grand roman de l'univers. Tout l'intéresse. Il a le don de la synthèse et l'élégance des mots. En plus, il aime le mystère jusqu'à faire l'éloge de la «vie qui naît d'un hasard dans un coin reculé du cosmos». Tout «sous le regard de Dieu – s'Il existe».

Jean d'Ormesson, dans <u>Comme</u> un chant *d'espérance, pose LA question («La seule question c'est Dieu, qu'il existe ou qu'il n'existe pas»), avec une sorte de confiance profonde envers le Mystère profond qu'il pressent...*

Le même d'Ormesson parle d'un Dieu absent, d'un Dieu silence. Un Dieu sans nos mots, sans nos dogmes.

Son dernier livre est un hommage à Dieu, dans lequel l'auteur est heureux de croire sans cette autre référence qu'est sa première éducation catholique, purifiée jusqu'à l'excès d'une mémoire qui finalement cherche ses réponses simplement en observant « le temps faire son œuvre tout seul » (p. 162).

Et Jésus ? « Le génie du christianisme est dans l'amour — sans limites et qui va jusqu'à la mort — de Jésus pour les hommes » (p. 228), dans *Un jour je m'en irai sans en avoir tout dit* (Paris, 2013).

Parlant d'espérance… bien des gens aujourd'hui vivent l'expérience de la bonté active… avec ou sans Dieu à l'horizon… c'est la religion du jour. Mais l'espérance ? Pour posséder une véritable espérance, ne faut-il pas être en amour avec Dieu ?

Je distinguerais espoir à court terme et espérance illimitée ; celle-ci, plus parfaite, va au-delà de tout espoir et renvoie à l'infinie bonté divine. L'espérance dite chrétienne a ceci de particulier qu'elle s'appuie moins sur une théorie que sur une personne — en l'occurrence Jésus Fils, qui en propose l'authenticité. « Qui croit en moi, même s'il meurt, aura la vie éternelle. »

Parlons un peu du dernier livre de François Cheng, Cinq méditations sur la mort, autrement dit sur la vie *(que vous avez lu récemment)… Vous êtes de ceux qui, comme lui, se situent résolument dans l'ordre de la vie… Vous croyez à un principe de vie contenu dès le départ dans l'avènement de l'univers (p. 16). François Cheng se réfère au Tao, à la Voie, selon laquelle un Souffle de vie, à partir de Rien, fait advenir le Tout. Ça rejoint l'intuition d'Hélène Dorion sur le Vide[4], non ?*

Oui et non. La perspective est la même. Sauf qu'Hélène Dorion a modifié son choix de vie à la suite d'une rupture. De ce point de vue, je dirais que Cheng vit davantage d'héritage.

---

4. Voir plus loin, page 67, la citation tirée de *Recommencements* d'Hélène Dorion.

Cheng invite à envisager la vie à partir de l'autre versant qu'est notre mort. Notre orientation et nos actes sont toujours des élans vers la vie (p. 22).

Il souligne à quel point, en épousant la vie, nous prenons part à l'aventure de l'humanité qui est partie intégrante d'une aventure bien plus vaste : celle d'un univers sans cesse en devenir (p. 37).

L'élan de vie que suscite la perspective de la mort fait naître chez François Cheng trois désirs : le désir de réalisation, le désir de dépassement et le désir de transcendance (p. 56). Nous avons là tout un programme de vie qui donne une dimension, un sens essentiel… un peu comme les trois ordres de Pascal.

Cheng rappelle un beau mot de Jacques de Bourbon-Busset pour qui l'âme est la «basse continue de chaque être». Il en a une vision intime, personnelle, que chacun et chacune de nous s'efforce d'atteindre…

Et la foi religieuse ?

Cheng dit : «Nous avons besoin de nommer Dieu, parce que nous nous situons résolument dans l'ordre de la vie… Nous avons besoin de dialoguer avec lui, de l'interroger sur les possibles issues. Est-ce trop prétentieux de nous poser en interlocuteurs de Dieu, en supposant même qu'il nous a peut-être créés pour cela ?» (p. 120) Il rappelle notre désarroi de vivre dans un monde conçu sur le modèle matérialiste…

Enfin, il dit : «Notre vérité n'est pas dans le nivellement et l'effacement, elle est dans la transmutation et la transfiguration.»

Et il rappelle l'événement-Jésus : «Un jour, l'un de nous s'est levé, il est allé vers l'absolu de la vie, il a pris sur lui toutes les douleurs du monde en donnant sa vie, en sorte que même les plus humiliés et les plus suppliciés peuvent, dans leur nuit complète, s'identifier à lui, et trouver réconfort en lui» (p. 122-123).

Et il rappelle cette intuition d'Etty Hillesum : « Nous pouvons aider Dieu » (p. 129).

Avec Cheng je suis en harmonie. « Et à partir de cet instant le langage qui nous est commun va tisser un fil d'or entre nous, et tenter de donner le jour à une vérité qui soit partageable par tous » (p. 13).

J'aime quand il me rappelle nos origines : « Un Souffle de vie, à partir du Rien, a fait advenir le Tout » (p. 17). Avec cette citation de Rilke, extraite de son *Livre de la pauvreté et de la mort* (p. 25) :

Seigneur, donne à chacun sa propre mort
Qui soit vraiment issue de cette vie
Où il trouva l'amour, un sens et sa détresse.

J'aime moi aussi parler de la mort comme une continuité, « fruit de notre être » (p. 41).

Quand Cheng écrit, p. 45, qu'il voit la mort comme sa vie « non plus comme une simple donnée, mais bien comme un don inouï, sacré ».

Et il cite Rimbaud !

Elle est retrouvée
Quoi ? L'éternité
C'est la mer allée
Avec le soleil

Le mot qui lui est si cher : « ... penser la mort, c'est penser la vie » (p. 77). C'est-à-dire qu'« [i]l n'y a qu'une seule aventure, celle de la vie » (p. 103).

Je l'aime, ce François Cheng qui, en méditation, « [essaie] d'avancer pas à pas en [se] tenant le plus près possible du vrai » (p. 104). Il n'a pas peur de Dieu. Au contraire : « Nous avons besoin de dialoguer avec lui, de l'interroger sur les possibles issues [...] de nous poser en interlocuteurs de Dieu, en supposant même qu'il nous a peut-être créés pour cela » (p. 120).

Quelle sagesse ! Sagesse héroïque, en un sens, qui mène Cheng à saluer Jésus : « ... avec lui, la mort s'est transformée en vraie naissance [...] Personne n'est allé aussi loin » (p. 123).

PAYSAGES POUR L'ÂME

Au début de **Regards et jeux dans l'espace,** *Saint-Denys Garneau écrit: « Mais laissez-moi traverser le torrent sur les roches / Par bonds quitter cette chose pour celle-là... » L'image des pierres du torrent est-elle celle de votre vie?*

Dans une seule vie, que de paysages entrevus. Quelle richesse!

Saint Augustin voit la vie comme un combat entre les forces du bien et les misères du mal. De même, le torrent fait sa vie en combattant, en contrecarrant les pierres qui, au lieu de nuire à son élan, le provoquent. Si le torrent chante à sa manière, c'est à cause des pierres qui le contredisent. C'est même en chantant qu'il impose sa route. Le torrent qui ne chante pas ne devient que paresseuse rivière.

Une vie sans embûches, sans contradictions, sans « pierres » pour la ralentir, sans histoire, n'est pas la vie qui est proposée à chacun, à chacune, chaque jour. Comme le disait le sage Marc-Aurèle (*Pensées VII*, 59): « La science de la vie se rapproche davantage de l'art de la lutte que l'art de la danse. »

Le grec Démophile penserait plutôt à la musique: « La vie, tel un instrument de musique, il faut le toucher et le relâcher, pour le rendre agréable. »

Il en est ainsi de tout obstacle: ou je le subis et il me harcèle, ou je l'intègre et, plutôt qu'échec, il devient étape de vie.

Comme l'a bien résumé Héraclite (fin du sixième siècle avant J.-C.), la vie est en devenir…

Prenons-en notre parti. S'il y a tempête et torrent, c'est pour devenir autrement. Vivent les cailloux!

L'image des pierres et du torrent me plaît à nouveau en ce sens qu'elle valorise la vie du torrent autant que la présence inévitable des pierres.

✳ Sans le torrent, les pierres ne seraient que des pierres, et sans mousse! Un torrent sans pierres ne serait qu'une rivière manquée.

La vie est précaire (tant d'existences sont fauchées bêtement en pleine rue). Elle apparaît absurde.

Absurdes, toutes ces guerres et ces conflits qui, au lieu d'éprouver le courage des soldats, anéantissent femmes et enfants. Ces guerres qui tuent la vie. Absurdes! Tant de souffrances et de contradictions!

Il demeure que notre perception du grand tout humain est piégée si nous nous en remettons à la seule vision présente que nous en avons, vision nécessairement limitée, partielle, voire locale, et subjectivement piégée par les souffrances qu'elle occasionne.

✳ Comme le disait un jour Augustin: l'histoire humaine est comme un long poème écrit de siècle en siècle. Tu en connais si peu. Comment peux-tu conclure si facilement? Une fausse note ne détruit pas une symphonie. Pas plus qu'un mot mal choisi ne détruirait l'épopée qui honore ton texte.

✳ **Mais pour les parents d'un bébé qui naît avec un cancer (c'est le cas de la fille de notre neveu), l'harmonie devrait pouvoir se trouver à l'intérieur de l'absurde… dans la «fausse» note, et non dans la symphonie…**

Tout voir, tout savoir,

tout juger

n'est pas possible.

L'absurde n'est pas tant dans le cœur de l'être humain capable de dépassement que dans un abus de biens matériels.

Pour que la vie, voire les guerres, les malheurs des siècles ne deviennent pas absurdes, je me dois de considérer en tout premier lieu la sagesse de Dieu et la liberté humaine ; apparaît alors comme absurde celui qui a choisi la guerre. Ça me rappelle les petites guerres en milieu rural, pour une clôture ou pour un animal trop pressé qui va brouter chez le voisin.

Bref, la vie est souvent absurde si je la réduis à ce que j'en perçois, autant qu'est absurde le feu qui a détruit ma maison. Le soleil s'est levé quand même. La lune est venue, les étoiles se promènent… et la terre s'apaise. La vie continue… les pierres n'ont pas empêché la rivière de couler. La vie est d'autant plus absurde que j'en connais même la trame.

Reste que les pires nuages de la vie n'empêcheront pas le soleil de se lever demain, ni l'amour d'aimer.

Cette image des pierres et du torrent… Nancy Huston dans **Bad Girl** *y voit la rencontre du silence (les pierres) et de la clameur de la vie (le torrent). Pour bien des gens, cela signifie la rencontre d'un espace intérieur, d'une paix fragile et des rumeurs souvent alarmantes de l'humanité actuelle. Une image de résilience, mais aussi de confiance…*

Parce que j'ai souvent visité le torrent et les pierres du torrent tout près au nord du manoir des parents de Saint-Denys Garneau, je l'évoque avec une certaine émotion. Le torrent à Sainte-Catherine (Portneuf) est bien encadré par les arbres : il circule selon ce que lui impose la force du courant. Il contourne les rives, parfois agité, d'autres fois tout en lenteur.

Contraste entre la lenteur et la vitesse. Chaque fois les pierres s'imposent.

Une longue existence et une vie d'enseignant en divers pays m'ont appris que malgré leurs différences de culture, d'âge et de croyances, malgré les guerres, les écarts, les péchés, les gens sont premièrement bons et même meilleurs que leurs méchancetés.

L'opinion publique ne nous donne pas toujours la vraie image de l'humanité. L'humanité est foncièrement et premièrement bonne. Cela est mentionné dans la *Genèse* (1,27-30)... et se manifeste encore aujourd'hui par une observation «savante» des conduites humaines.

L'âge s'en mêlant, j'aurai été en quelque sorte témoin de deux grandes guerres, chacune ayant causé des millions de morts. Puis-je encore affirmer que l'humanité est meilleure que ses actes? Oui, je le peux encore, si je pense à chaque soldat, à chaque victime de ces guerres. Ah! si je pouvais connaître leurs pensées profondes durant ces bombardements.

Que de générosité! Que de courage! Ce n'est pas parce que je ne connais pas tel ou tel acte de courage qu'il n'a pas existé. Ce que la souffrance peut provoquer d'héroïsme de la part des victimes, quelles qu'elles soient! Quand je suis allé enseigner en Normandie, j'en ai entendu des récits de guerre. Quel héroïsme de la population au plus fort de la tragédie!

Ici, tout à coup, je pense à mon ami André Laplante, pilote d'avion qui, m'a-t-il dit, a bombardé plusieurs villes allemandes. Entraînant chaque fois des dizaines de morts. Il me l'a raconté, le cœur brisé, et n'est pas capable d'en parler, ni à son épouse ni à ses enfants. Le mal l'accable. Douleur. Silence.

Il m'arrive souvent de penser que la plus ignorée de toutes les histoires humaines est l'histoire des malheurs de l'humanité. La perception des moments d'héroïsme nous échappe.

Le pouvoir médiatique valorise l'inédit, l'exceptionnel, tout ce qui est immédiatement intéressant. Il est rare qu'il se réfère à la vie quotidienne, sauf pour prévoir la température. Et encore! Rimbaud dirait: la vraie vie est absente. C'est elle qui me fait croire encore maintenant à la bonté de la race humaine.

C'est en observant le quotidien des petites gens que j'ai trouvé la vérité essentielle à toute vie: être bon, aimer le bien, le repérer même à travers les misères parfois inévitables de la vie.

La bonté nous précède. Comme la lumière du matin. Elle appartient à tout le monde. S'il en est qui se soustraient à cette lumière, l'ombre qu'ils font ou qu'ils sont leur appartient.

Non, je n'ai pas à partager l'ombre qui fait le mal. J'ai à la supporter, à la tolérer de l'extérieur, comme ce nuage qui me cache le soleil dont je sais qu'il s'en ira à son heure. Tel le bien, la lumière est plus forte que les ténèbres, la bonté plus vraie que la malice. Soyons trop bons... et une fois encore le bien sera au poste, malgré tout.

Parmi tous les biens à notre portée et capables de nous émerveiller et de renouveler le message de l'âme, il y a l'eau, la route, le chemin, la terre, la foi.

Premier bien: l'eau, un bien de fertilité! À tel point qu'elle a été longtemps nommée Mère-Eau.

Pensons-nous à remercier l'eau, aussi généreuse pour nous que la lumière?

N'oublions pas les récits bibliques, en particulier à propos de cette eau, première du monde, alors que «l'Esprit planait sur les eaux» (*Gn* 1,2).

L'eau est à la source de toute existence et est reliée, pratiquement, à la fertilité. Il est normal qu'elle croise à sa manière le champ spiritualiste. Moi, j'aime l'observer de près ou de loin.

De près, la source permet à l'eau de «prendre place» dans l'univers.

De loin ou de près, l'eau permet au torrent d'exister.

Le torrent, tour à tour route et caprice, permet à la rivière de faire sa route à même les obstacles qui s'y greffent.

La rivière est en marche et sa source est parfois loin de l'océan.

L'océan permet à la rivière de se recueillir et de se reposer… à jamais. L'eau, encore.

C'est ainsi qu'à la maison des Lacroix il y avait, à l'initiative de ma mère, des bénitiers accrochés à presque toutes les cloisons des chambres à coucher. Il y en avait même à la grange pour protéger les animaux des méchantes maladies.

Ça me rappelle tout de suite que, tout petit, il m'est arrivé d'accompagner mon père jusqu'à Maska, « au bout de la terre ». Il portait une branche à la main pour détecter quelques sources cachées… cette eau neuve serait la meilleure à boire. Encore fallait-il la trouver. Papa était-il sourcier? Peut-être. Il ne s'en est jamais vanté.

La tradition de l'eau de Pâques puise à la même source…

Que penser enfin de cette eau de Pâques, cueillie directement à la source? Elle se présentait à nous telle quelle, sans l'intervention d'un rituel sacerdotal. Jamais un prêtre n'est intervenu, pour la simple raison que l'eau de Pâques vient du ciel et de la terre conjugués. Elle n'a pas besoin de nos bénédictions. Elle est déjà divine… comme l'eau de source. Il est à noter que l'eau de Pâques est en principe une eau de torrent…

Et tout ce respect de l'eau, des rivières, du fleuve nous enseigne à respecter la terre, ses routes, ses chemins du quotidien.

La rivière, le fleuve forment l'une des routes de nos vies.

Quatre chemins nous sont plus connus:

Le chemin de terre, ou de sable;

le chemin d'asphalte ;
le chemin maritime — j'ai si souvent traversé l'océan ;
le chemin aérien.

Nos ancêtres érigeaient des croix de chemin de terre pour le dire et nous aider à marcher droit. Jésus se compare à un chemin de vérité et de vie (*Jn* 14,6). Aussi cette idée de chemin demeure essentielle à qui veut évaluer sa vie. Route de terre si l'on veut, ou route cimentée, mais toujours route d'un cœur en quête d'aimer, quoi qu'il arrive.

Il est à noter aussi que Jésus s'est engagé sur un chemin de sable. Il a choisi l'ordinaire et a ainsi décidé d'être avec nous de Nazareth à Jérusalem, jusqu'à s'identifier au plus quotidien de nos vies.

« Je suis le chemin, la vérité et la vie » (*Jn* 14,6).

Et il a également proclamé : « Qui me suit marche dans la lumière. » Il entend même marcher avec nous : « Suis-moi ! »

Ce Jésus pèlerin, ce Jésus guérisseur, est un fidèle. Il n'a surtout pas voulu que nous marchions seuls... Lui-même a souvent quitté sa route première pour aller à la rencontre des autres sur le chemin de leur vie.

Ce chemin qui est le nôtre est souvent, comme le sien, un chemin de croix : deuils et épreuves de toutes sortes y surviennent.

C'est ainsi que plusieurs auteurs bibliques se plaignent d'errer dans le désert. L'auteur des Proverbes (30, 18-19) y va largement :

« Il est trois choses qui me dépassent et quatre que je ne connais pas : le sentier de l'aigle dans les cieux, le sentier du serpent sur le rocher, le sentier du navire en haute mer, le sentier de l'homme chez la jeune femme. »

Pire que le trottoir pour ces auteurs serait d'ouvrir un chemin dans la mer (*cf. Sg* 14,3).

49

Mieux vaut se laisser guider par le Seigneur ainsi que le suggère le verset 5 du psaume 25. Et qui se fie à Jésus se fie à un remarquable et sage pédagogue qui connaît son chemin en même temps qu'il prépare le nôtre.

Nous vivons en nous projetant, à coup d'espoir. La vie est toujours semence d'avenir…

Espérer est un bien naturel… Comment, personnellement, ai-je pu espérer après avoir vu et revu tant de gens… brisés par l'échec? J'aurai appris de ma famille, tout d'abord, que notre premier devoir est d'être bon, et aussi d'espérer au-delà de nous-même… et même à partir de nos échecs.

De la terre, j'ai appris que l'on doit toujours espérer des saisons en devenir. La nature qui se renouvelle selon les saisons et les âges m'invite aussi à espérer le meilleur du lendemain. Mes espoirs sont un peu à l'image de la nature qui se pardonne constamment et se corrige au fur et à mesure… Une saison en enchaîne une autre, comme le jour suit la nuit, et le printemps pardonne à l'hiver!

Pourquoi insister, puisque le Créateur a voulu que le bonheur soit le but de nos vies: être heureux… en donnant, en aimant?

Espérer à tout prix? «Jamais découragé parce que toujours pardonné.» Être pardonné par Lui est facile, plus facile souvent que se pardonner à soi-même!

L'essentiel est là!

Nous vivons à coup d'espoir… Cette recherche du bonheur le dit bien. Chaque jour je commence. Et s'il y a eu quelqu'un qui a espéré, c'est Lui, Jésus… Lui qui, malgré les déboires, continue sa route, et jusqu'à subir humainement le pire échec qui soit: crucifié pour avoir blasphémé Celui — le Père — qui fut toute sa vie sa raison d'être. Toute l'espérance qu'il a apportée aux petits, aux derniers, aux enfants!

L'un pourrait délibérer aussi sur les béatitudes, ce texte d'espoir, malgré tout…

Ainsi que l'a résumé saint Paul, « [l]'amour espère tout ! » (1 *Cor* 13,7).

La Russie commente : « Au pays de l'espoir, il n'y a pas d'hiver. »

Vivre, n'est-ce pas toujours entreprendre (entreprendre un livre qui mettra trois ans à paraître, par exemple), canaliser ses énergies vers un but personnel à atteindre au sens d'une réalisation ? L'avenir vous obsède-t-il ?

Qui vivra verra ! Qui connaît l'histoire de la prochaine aurore ? L'avenir, le connaissez-vous, vous ?

Les rapports de l'humanité avec l'avenir, surtout là où on vit dans l'abondance, sont le plus souvent des rapports quelque peu piégés. Peur de vieillir, peur d'être malade, peur de mourir. D'où une certaine irritation face aux contrariétés et aux retards. Le tout vécu dans un culte excessif de la vitesse. « On croit toujours le loup plus grand qu'il n'est. »

Plus nous allons vite, plus l'avenir nous échappe.

La vie est semence d'avenir dans la mesure où je m'attache à aujourd'hui, au plus quotidien de ma vie. Le présent est le seul vrai temps, une rampe de lancement vers demain. La route m'enseigne à mesure que je m'y engage, étape par étape…

Seul aujourd'hui existe au moment où je me retrouve moi-même. Dois-je le répéter : le royaume de Dieu est au-dedans de nous. Maintenant. Aujourd'hui. Présentement. C'est ainsi que les grandes spiritualités opèrent à partir du réel d'aujourd'hui.

« Donne-nous *aujourd'hui…* notre pain quotidien… » Comme autrefois on offrait des sacrifices quotidiennement (*He* 7,27). C'est d'ailleurs au lieu de son quotidien, à la maison, que la Vierge Marie reçoit la visite de l'ange. C'est au temple chaque jour que l'on trouve Zacharie, Anne…

La vie est promesse d'avenir dans la mesure où elle-même, au jour le jour, se prête à recevoir la semence… d'aujourd'hui.

C'est la sagesse du christianisme de valoriser ce qui chaque jour, chaque nuit, naît à la vie… Elle le fait le plus souvent dans l'ombre… en secret…

Sème un grain de blé en terre, puis attends, sois patient. La plus petite de toutes les graines, quand elle a poussé, est la plus grande des plantes potagères, qui devient même un arbre, de sorte que les oiseaux du ciel viennent s'abriter dans ses branches (*cf. Mt* 13,32). Ainsi pense le sage Jésus…

Seize the day!

Carpe diem!

Cueille le jour présent!

Tu es maître de l'instant… seulement de cet instant qui déjà passe!

En 1936, Saint-Denys Garneau écrit «Faction» qu'il offre à *La Relève* en 1937. Un texte douloureux: «On a décidé de faire la nuit / Pour une petite étoile problématique.»

La petite étoile problématique de Saint-Denys Garneau et l'absence de refuge au sein de soi dont il parle, semblent exprimer une configuration de la vie qui est constamment une sortie de soi animée par une foi qui n'est pas une assurance tranquille…

Je répondrai que la foi n'est pas une valeur qui va de soi.

Et, pour le redire, quelques maximes:

Qui croit vite est vite trompé.

Qui ne croit pas est vite déçu.

Plus tu ne crois qu'en toi, plus tu risques d'être seul, fragile…

La foi, comme toute croyance, implique un risque. Le risque d'incertitudes supplémentaires.

Déjà l'être humain tel quel est inachevé, imparfait. Si en plus il se fait croyant, ne risque-t-il pas d'amplifier ses malheurs intérieurs ?

« La foi transporte les montagnes », dit Jésus. Il reste que déjà la montagne est un défi. Sauf que la foi religieuse donne des ailes.

La foi religieuse m'invite à devenir plus grand que nature. Elle est d'un autre ordre. Je me sens habité d'une force intérieure qui m'inspire ; Celui en qui je crois est autre, et plus grand que moi.

La foi religieuse, je la vois comme une étoile ! Une étoile de plus sur ma route. Une lumière, de surcroît. J'y apprends à me laisser guider à distance, à faire confiance en Celui qui — je pense ici aux Béatitudes — promet au-delà de la douleur un jour idéal, le « jour éternel » pour une liberté à jamais apprivoisée.

Il me faut préciser que dans nos livres sacrés l'étoile est souvent à l'honneur. Elle est au Proche-Orient un peu ce que le Soleil est au Japon. Œuvre divine. Je lis dans le livre de Daniel : « Étoiles des cieux, bénissez le Seigneur ! » C'est Dieu qui en fixe le nombre, comme le rappelle le psaume 146,4. Elles sont là pour éclairer la nuit. Ça me rappelle une remarque de mon père : « Plus il y a d'étoiles au ciel, plus le Bon Dieu te regarde ! Si tu n'es pas sage, les étoiles vont se cacher... »

La légende des Mages a fait de l'étoile le signe par excellence de la foi des autres. « Nous avons vu son étoile en Orient » (*Mt* 2,2). Les écrivains sacrés ont multiplié les avis à ce sujet jusqu'à faire des rois mages des saints de la foi chrétienne.

Cela me rappelle la foi d'un poète significatif, Saint-Denys Garneau. Foi inquiète, s'il en est une. Foi vacillante qui, dans son *Journal*, n'en finit pas de s'interroger. Foi, doute et culture s'entrecroisent.

Il est à noter que Garneau est unique parmi les poètes en ce sens que sa foi «sans assurance tranquille» le conduit à un regard de nature spirituelle, regard pareil à celui de plusieurs mystiques. Ce regard s'alimente du don de soi tel que proposé par Jésus. Don de soi à l'amour, à la manière de Toi, Jésus, «chaîne de feu».

Ici, la foi en Jésus appelle tour à tour la volonté d'un regard sur soi, si douloureux soit-il, et, «par-dessus la douleur», la perspective implicite d'un temps durable, d'un «jour éternel».

Si je m'en remets à la prose du *Journal*, je dirais que 1937 semble l'année des insatisfactions et des regrets. Jusqu'à s'accuser de mensonge; l'abondance de désir, de rêves qu'il n'arrive pas à combler. Il y a aussi les autres à côté de lui, qui rêvent autrement.

Comment ne pas être déçu? Comment maîtriser sa douleur, «quitter cette chose pour celle-ci»? Il faudrait apprendre à renoncer à soi-même, à se dépasser.

Inquiétude d'héritage aussi? La religion de l'époque y est pour beaucoup.

Cette inquiétude est surtout celle d'un artiste talentueux, fortement conscient de ses limites. «En dedans de moi je ne trouve que le désert».

Se purifier? Prier?

«Je marche à côté d'une joie. D'une joie qui n'est pas à moi. D'une joie à moi que je ne puis pas prendre» («Accompagnement»).

Quitter, arriver, partir, repartir... et «c'est là sans appui que je me repose». Le voilà maintenant qui prie le Christ en croix:

Et je prierai ta grâce de me crucifier
[...] Pendant que reluira par-dessus ta douleur
Ta résurrection et le jour éternel.

Malgré tout, un peu d'espoir au nom d'une vérité pure, jusqu'à espérer « qu'un jour transposé je sois porté par la danse de ces pas de joie ».

La plus grande expression de la foi personnelle de Saint-Denys Garneau est reliée à une prière attachée elle-même à l'un de ses fusains les moins connus : la « Représentation du Christ en croix ».

✗ *ET JE PRIERAI TA GRÂCE*
Et je prierai ta grâce de me crucifier
Et de clouer mes pieds à ta montagne sainte
Pour qu'ils ne courent pas sur les routes fermées
Les routes s'en vont vertigineusement
De toi
Et que mes bras aussi soient tenus grands ouverts
À l'amour par des clous solides, et mes mains
Mes mains ivres de chair, brûlantes de péché,
Soient, à te regarder, lavées par ta lumière
Et je prierai l'amour de toi, chaîne de feu,
De me bien attacher au bord de ton calvaire
Et de garder toujours mon regard sur ta face
Pendant que reluira par-dessus ta douleur
Ta résurrection et le jour éternel.

Devrais-je vous confier qu'il m'est arrivé à moi aussi d'être inquiet, inquiet de ne pas être fidèle, inquiet d'être ce que je suis et de vouloir à ma manière « quitter cette chose pour celle-là ». Thérèse de l'Enfant-Jésus m'a souvent ramené à l'ordre pour me redonner une sorte de stabilité intérieure.

Ce qu'a vécu intérieurement Saint-Denys Garneau m'a beaucoup fait réfléchir. Peut-être est-ce la vocation des poètes de nous éveiller en peu de mots aux réalités spirituelles et de nous inviter à quitter sans appui nos incertitudes pour aborder les sables mouvants du mystère ?

Plus tard, en lisant les Saintes Écritures et, par exemple, le Siracide (40,1-4), j'ai accepté qu'il en soit ainsi. La méditation de l'Alliance m'a appris que je devais suivre Israël qui, malgré tout, se laisse guider par sa marche dans l'amour et la confiance. Tout est grâce, dira plus tard Thérèse de l'Enfant-Jésus. « Ne crains pas car je suis avec toi. »

Qui pourrait avoir peur du Jésus des Évangiles ? Celui qui est venu appeler non pas les justes, mais les pécheurs (*Mt* 9,13).

Saint-Denys Garneau espère du regard de Jésus en croix que celui-ci le crucifie lui-même et ainsi le rende rédempteur, purificateur de ses propres péchés. Ainsi qu'il arrive aux mystiques, il est question de lumière, lumière de la foi intégrée.

Saint-Denys Garneau possède la foi douloureuse d'un artiste inquiet de ne pas être digne des appels qui l'habitent. Sa pureté d'intention est telle que tout ce qu'il réalise n'est pas à la hauteur : « Je marche à côté d'une joie ». Il lui arrive, d'autre part, d'être illuminé par une foi qui le pousse à la prière et à la pensée d'une résurrection anticipée.

Il ne peut être que sur la route de sa montagne sainte quand le Christ en croix lui inspire « de garder toujours [s]on regard sur [s]a face ». D'ailleurs, cette mystique du regard sur la face si chère à la tradition chrétienne est sans contredit d'une grande richesse intérieure… frôlant souvent l'extase. Il s'agit plus souvent d'une rencontre intérieure propre aux mystiques. La scène de la Transfiguration (*Mt* 17,1-8) en est un exemple extrême.

Ce témoignage d'un poète bien-aimé vient à sa façon nous signifier que l'espérance tout comme la confiance subissent souvent les contrecoups qui nous invitent un peu plus à respecter le tragique des personnes en quête d'absolu.

DE QUELQUES SAUTS DANS L'INCONNU ET L'AMOUR

Vous aimez citer les premières lignes de Regards et jeux dans l'espace : *« Mais laissez-moi traverser le torrent sur les roches / Par bonds quitter cette chose pour celle-là… »* N'est-ce pas un peu votre vie, de la campagne à la ville, de la maison familiale à la vie conventuelle, du 3ᵉ Rang à l'Europe, l'Asie, l'Afrique ?

Le poète compare sa vie à des sauts sur des pierres au milieu d'un torrent, mouvements constants, mais au prix de renoncements (« quitter cette chose pour celle-là »). Le mouvement, les voyages, les déménagements, les grandes transitions nous font vivre des renoncements, des inquiétudes supplémentaires.

Quitter cette chose pour celle-là. Pour moi, laisser la maison, le patelin natal, le collège, mes parents, la famille, les amis, ma bicyclette, c'est choisir, avec tout ce que cela implique.

Vous auriez vraiment choisi la vie communautaire chez les dominicains quelques années après y être entré ?

Vous me rappelez mes origines dites « dominicaines ». Le 26 juillet 1936, j'arrive au couvent du noviciat des dominicains à Saint-Hyacinthe, vers les quatre heures de l'après-midi. Je constate que j'y suis comme par instinct.

Plusieurs heures plus tôt, j'ai trouvé très triste de quitter la maison en compagnie de ma mère qui est venue me conduire à la gare La Durantaye. Seule avec moi en boghei, de la maison à la gare.

Essayons d'être joyeux, parlons de tout, de rien. Seulement, en passant devant la maison de Thérèse Gagnon (ma blonde), ma mère me dit avec un demi-sourire : « Thérèse va s'ennuyer. »

Je n'ai pas répondu.

Madame Émile Brochu qui, sur son perron, nous voit passer, est en larmes. Ma mère, stoïque, ne pleure pas. Personne à la maison n'avait eu le goût, ni le courage, de me conduire au train. Même papa, monté au bois de Maska, n'est pas là. Trop, c'est trop. Mon frère a fui à la grange. Seule ma mère s'en est chargée. Pourquoi elle seule ? Je m'interroge sur cet étrange départ… sans même un au revoir.

Pourquoi moi, ai-je choisi de partir ? Appel ? Goût d'ailleurs ? Je dirais qu'à l'époque, j'ai choisi d'aller voir pour voir, tout simplement. Des anciens du collège l'ont fait, pourquoi ne le ferais-je pas ? J'imite plus que je ne choisis. Mes raisons dites spirituelles sont vagues. Je me dois d'y aller.

Sur place, au noviciat, tout me plaît. Surtout la qualité de la prière, la diversité des confrères dont Rodrigue, du même collège que moi. La nourriture est bonne. Le supérieur est âgé. Il sera mon second grand-père.

L'année 1937 passe. Je m'ennuie du fleuve… et de mes chats.

Me voilà à Ottawa, au couvent d'études. Je m'adapte. Nous sommes nombreux. Une grande famille. Surtout des jeunes. Tout m'intéresse… superficiellement. Je me laisse encore porter. Rien ne m'invite encore à choisir. Chaque événement est pour moi, fils d'habitant pauvre, comme une aventure en plein champ.

J'aime la liturgie. J'aime prier. Ma prière est celle qu'on me propose. Pourquoi la choisir, la discuter, si elle est déjà belle et qu'elle a fait ses preuves?

J'aime les études autant que le sport. Je n'ai pas à choisir. Études, enseignement. Les programmes sont déjà fixés. Il ne reste qu'à étudier et être fidèle au programme. J'ai une confiance absolue en l'expérience des professeurs... et en leur compétence. De plus, ils sont polis, patients. Je les revois chaque jour à la prière chorale.

1940, 1960, 1980... la vie passe. Me voilà de plus en plus en mesure d'aider les personnes, de les aimer, de les instruire au besoin. Je rencontre des gens de tous les pays et je suis à l'aise. J'appartiens à une communauté multicentenaire et ça me plaît de me noyer dans le flot des expériences des autres. Prêtre, professeur, directeur d'études; les autres me portent et me supportent. Devrai-je simplement prier à la façon du psaume 71, 17-18: «Tu m'as instruit dès ma jeunesse»?

Bref, qu'est-ce que j'ai, que je n'aie pas reçu? (1 *Co* 4,7)

Vous vouliez aller étudier en liturgie, mais à cause de la guerre vous devenez spécialiste des études médiévales.

Cette fois, la certitude saute aux yeux. Ce sont mes professeurs du couvent d'études d'Ottawa qui ont choisi... que je sois historien plutôt que liturgiste.

Moi, historien? Pas très difficile. Je le suis d'héritage. Mon père était un conteur déparéillé. Ma mère l'était tout autant au sens premier du mot. Je suis né raconteur, historien. Mes professeurs n'avaient qu'à m'observer. De sorte que le choix de mes supérieurs ne m'a pas au départ posé de sérieux problèmes. Leur choix pour moi va de soi... je serai historien, historien du Moyen Âge latin, et ramené à une époque que je ne connais que par Thomas d'Aquin dont on dit tant de bien.

Je me lance dans les études. Pas toujours facile de lire des écrits du IXe siècle et d'autres du XIIIe, tous transcrits avant l'invention de l'imprimerie. Me voici — 1941 — assigné à Toronto. J'y apprends l'anglais… sans pouvoir me libérer de mon accent français. Finalement, je pars doctorat en main. À l'époque, ce doctorat me conduit à l'Université de Montréal dès 1945.

Toujours je suis… choisi ! Je suis choisi pour y enseigner de 1945 à 1985 et dans les années suivantes, jusqu'en 2014. Choisi, parce que je reçois tout.

L'enseignement me va. Enfin, raconter… ce que j'ai appris. En France, au Japon et au Rwanda.

Ne me demandez pas de me justifier quand je sais que j'ai été « chanceux » ! Et qu'est-ce qui m'a mérité cette chance ? Je n'ose pas m'interroger tellement ma gratitude est grande d'avoir ainsi été appelé à l'enseignement à l'étranger. Je fus même élu un jour pour diriger l'Institut d'études médiévales.

Pour tout résumer, je dirais que le fait de n'avoir jamais choisi et d'avoir tout autant aimé mes choix m'établit dans une sorte de joie.

D'ailleurs, quand, directeur, j'ai dû imposer mes choix à mes confrères, aux étudiants, aux professeurs eux-mêmes, je n'ai jamais senti que j'étais propriétaire. J'exécutais plutôt la volonté des organismes que je dirigeais de l'extérieur. Je ne me souviens pas de l'autorité que j'aurais pu exercer ni du fait d'avoir déjà imposé ma volonté à d'autres. C'était chaque fois l'institution qui m'ordonnait de servir le bien commun. J'ai dû développer un certain laisser-aller envers tout ce qui est extérieur à ma vie. Ayant tout reçu comme les riches, je n'ai pas les réflexes de celui qui fonctionne par ordonnances et décrets. Dangers d'une liberté mal apprivoisée !

Soit dit aussi, ayant tout reçu, je ne me souviens pas tellement d'avoir obéi… Pourtant, j'ai été fidèle à mes obligations.

On vous invite au Japon (1960), au Rwanda (1965), en France (1973-1976)… En tout cela, il semble y avoir chez vous une grande confiance en la vie, mais aussi une capacité de vivre le présent à plein, de tirer le meilleur de chaque circonstance.

Routes imprévues. Lieux d'adaptation. D'autre part, je constate qu'en chaque pays la culture est un acquis et non un dû. En ce sens que chaque culture est premièrement un héritage en devenir. Mais d'abord un héritage. Je l'ai senti beaucoup en Afrique. L'Afrique s'éveille à la rencontre des autres cultures. Au Rwanda, l'héritage est toujours là. La gloire des ancêtres veille sur le travail, et c'est plutôt pour survivre que pour s'enrichir.

Que dire du Rwanda animiste? Tout autant de ces notions dites non chrétiennes, et de plusieurs groupes africains animistes. Les adeptes de l'animisme pratiquent une charité souvent «divine». Je veux dire *exemplaire*. Ils n'ont pas nos mots pour rendre gloire à Dieu et proclamer à leur façon que Dieu est amour.

Ce n'est pas que je veuille faire la leçon, moi qui ai tellement reçu, mais j'éprouve parfois quelque crainte pour ce pays marqué par un tragique génocide. Se pourrait-il qu'un jour ce pays agricole de tradition et près de ses pâturages grandisse trop vite en progrès et en technique?

Ce sont des peurs d'ancêtre!

Qu'arrivera-t-il à ce «pays des mille collines» s'il se transforme en pays aux mille dividendes? D'autre part, le peuple de ce pays est intuitif et intelligent. Il peut arriver qu'il s'adapte vite à l'univers technocratique et numérique. Peut-être que la beauté des lieux lui inspirera des attitudes inédites jusqu'à recourir à l'écologie pour renouveler ses perspectives dans un sens de la valorisation du territoire et du culte des ancêtres…

Aujourd'hui, je remercie le Rwanda d'avant et d'après, de m'avoir démontré les vertus d'un petit peuple blessé, seul mais si déterminé !

Le Japon ? Le Japon que j'ai connu — 1960 — m'a paru d'une grande noblesse. Suis-je trop admiratif... ou encore naïf ? Je dirais que les Japonais sur leurs petites îles me donnent l'image d'un peuple raffiné (le bouddhisme l'a grandement marqué), sérieux, confiant, secret tout autant, avec cette capacité de travail qui m'a toujours fasciné. Le Japon sera toujours un grand pays. Comme dit le proverbe : « Sois abeille, tu trouveras toujours une ruche. »

De ma France — mes ancêtres —, je pourrais discourir sans arrêt.

Encore maintenant, je remercie la France de m'avoir donné le goût de la parole correcte et facile comme de la culture ouverte sur le monde.

En France, l'opinion publique est soumise à des séries d'options discutables. C'est rarement simple. La dialectique s'impose. Il demeure qu'en ce pays, la culture est déjà en elle-même une raison d'être. Ça me fascine.

France, Rwanda, Japon, il reste que ces invitations ont été pour moi, le petit semi-habitant du 3ᵉ Rang à Bellechasse, de grands cadeaux du ciel.

La vie même de tous les pays du monde, mobilisée par les techniques récentes de communication et l'opinion mondiale, s'impose selon un rythme nouveau. Il sera désormais difficile sinon impossible de se limiter à une seule tradition orale.

Rivalité inévitable des médias !

Longtemps avant l'expédition au Japon, je me demandais comment ces pays, qui ne sont pas chrétiens, pouvaient proclamer la gloire de Dieu.

Tout petit, comme ma mère, je rêvais à ce temps où tous les peuples seraient catholiques pratiquants.

Le vent souffle où il veut. Tant de manières d'être chrétien ! Le Royaume de Dieu est avant tout au-dedans de nous…

Aussi, c'est avec une grande joie et une immense gratitude à l'égard de toutes ces nations pour qui je prie que j'aime réciter à l'office choral de ma communauté :

Rois de la terre, tous les peuples,
princes, tous les juges de la terre…
Qu'ils louent le nom du Seigneur…
sa majesté par-dessus terre et ciel (Ps 148,11 et 13).

D'ailleurs, c'est Jésus en personne qui le prévoit à sa manière : « Je vous le dis : beaucoup viendront du levant et du couchant prendre place au festin avec Abraham, Isaac et Jacob dans le royaume des Cieux » (*Mt* 8,11).

Peuples lointains, peuples des îles, de la Chine, du Japon, du Grand Nord, du Sud, partout d'Orient, d'Occident,

Louez le Seigneur tous les peuples,
Fêtez-le, tous les pays !
Fort est son amour pour nous,
Pour toujours sa vérité (Ps 116)

Vous avez vraiment confiance en la vie…

Ma grande confiance en la vie ? Est-elle liée à ma capacité de vivre le présent à plein, comme de tirer le meilleur parti des circonstances ?

Il est certain que si j'étais paralysé, en fauteuil roulant, ou si je me déplaçais avec une marchette, je n'aurais pas les mêmes comportements ni les mêmes raisonnements.

Je dis ceci en me souvenant de mes trois séjours à l'hôpital : je survis à l'arythmie cardiaque grâce à un régulateur dit *pacemaker* (stimulateur cardiaque) ; j'ai déjà fréquenté l'Hôtel-Dieu de Montréal, à la suite d'une grave maladie à la jambe (phlébite) ; j'ai aussi parfois des rhumes ou d'autres malaises normaux à mon âge. Aujourd'hui, je souffre d'une maladie sérieuse des reins dépendant de certains soins. Sans oublier les limites de la vieillesse centenaire.

Tant de deuils autour de moi! Plusieurs confrères qui peinent! Je ne suis pas insensible, oh non! Pourquoi ai-je encore cette confiance en la vie? Ce n'est pas que je sois meilleur que mes confrères, bien au contraire. Chaque jour, je vis dans et par la miséricorde. Voilà ce qui nourrit aussi ma confiance.

La confiance en la vie appartient à ma vie. Comme le soleil vit avec les nuages, les hirondelles avec le vent, moi je vis au jour le jour avec les bienfaits et les inconvénients de mon âge… et de ma vie. J'aime la nature, j'aime l'univers. Malade ou pas, je leur fais confiance. La nature me parle depuis que je suis tout petit. Elle me nourrit chaque jour. S'il pleut, je la remercie de prendre soin de la terre. S'il neige, je la félicite de pouvoir créer autour de moi tant de beauté. Qu'elle me gronde (le tonnerre…), je la crains, mais avec l'espérance qu'elle perdra bientôt la voix!

Ai-je reçu de la nature, de la vie elle-même, de mes parents ou d'une certaine spiritualité dite de «l'abandon à la Providence»? Comment savoir? Est-ce d'avoir chaque jour la terre qui fait son travail beau temps, mauvais temps? Elle m'a apprivoisé, et tout jeune, à recevoir la réalité telle qu'elle se présente à moi. La terre a ses rites, comme les saisons. Inévitables. Quotidiens. Je me souviens d'avoir été très tôt obéissant à la nature. Et sans difficulté.

S'il me convient aujourd'hui de parler de spiritualité, je dois tout au Seigneur qui a permis qu'il en soit ainsi.

Avec quel enthousiasme, encore aujourd'hui, j'intègre et goûte ses propos:

«Voyez les oiseaux du ciel: ils ne sèment ni ne moissonnent ni ne recueillent en des greniers, et votre Père céleste les nourrit! Ne valez-vous pas plus qu'eux?» (*Mt* 6,26)

«Observez les lys des champs, comme ils poussent; ils ne peinent ni ne filent» (*Mt* 6,28).

«Demain s'inquiétera de lui-même. À chaque jour suffit sa peine» (*Mt* 6,34).

Et tant d'autres leçons du cosmos qui nous sont gratuitement données dans l'Évangile... et la Bible. Je pense au Cantique au Soleil, aux propos quasi délirants des trois jeunes dans la fournaise, selon le livre de Daniel (3,51-90). Dois-je me vanter un peu? Avec quelle facilité, en 1990, j'ai préparé *Célébration des saisons* (éd. Sigier)!

De l'amour, de la nature aussi j'ai appris à tirer parti du meilleur des circonstances. Tout dépend une fois de plus de nos rapports avec le passé, le présent et l'avenir. Une pensée de François de Sales: le passé appartient à la miséricorde de Dieu, le présent attend ma fidélité et l'avenir est remis aux soins de la Providence.

Passé, présent, avenir, tout un cadeau!

Le passé m'apparaît aujourd'hui comme le déroulement d'un long parcours, le long voyage de ma vie. On s'est débrouillé comme on a pu selon les limites propres à toute existence humaine.

Le passé m'a choisi plus que je ne l'ai choisi. Tel le présent qui s'impose comme une fleur au rosier. La fleur ne choisit pas ses racines. Si elle fleurit aujourd'hui, comme moi je vieillis, c'est à la terre qu'elle le doit, comme moi je dois à la vie d'être ce que je souhaite être maintenant dans la confiance au présent cadeau du ciel!

Seul, je le redis, le présent est réel. *Seize the day*, disent les Américains. *Carpe Diem*, disent les Latins. «Tout est grâce», répète Thérèse de Lisieux.

Il m'est arrivé quelques fois, surtout en voyage ou lorsque j'étais en contact avec les jeunes à l'université, de croire que le présent seul est durable. La lecture des philosophes, Aristote en tout premier lieu, puis la vie vécue avec ses hauts, se bas, ses échecs, la mort de mes parents ; peu à peu s'apprend le présent.

Le présent. Aujourd'hui, 2015. *Now*. L'instant, l'instant indivisible. Le seul temps que tu possèdes vraiment. Mais il t'échappe. Entre passé et avenir, le présent n'est déjà plus. Sa réalité, c'est de passer vite. Comme disaient les anciens, résignés à le surprendre : *tempus fugit*, le temps fuit, comme un gibier en fuite.

Vous me parlez en même temps de ma capacité de vivre au présent à plein. Je vous répondrais que le présent, l'instant, il n'y a que cela qui soit. Le passé… est passé… L'avenir n'est pas encore. Qui vivra verra ! Je me reprends : est-ce que je vis vraiment dans le présent, moi qui ne cesse de planifier, d'organiser, de prévoir ce que je ferai demain ou après-demain ?

Prends-en ton parti ! Le temps, c'est un point de la ligne que tu es en train de tracer dans l'espace qui crée ton environnement quotidien ; tu es un minime point, mobile comme ta vie de tous les jours. Ici, je citerai Pascal : il demeure que de tout cet univers autour de toi, tu es le seul qui puisse penser.

Pour tout dire, j'aime beaucoup à ce propos une réflexion venue du Rwanda, à savoir que la route n'enseigne pas au voyageur ce qui l'attend le lendemain.

L'avenir ? L'avenir n'est à personne. Bien sûr, « nul ne connaît l'histoire de la prochaine aurore ». Encore faut-il croire à l'aurore, au matin qui vient, au soir qui approche. Reste le mot cher à Thérèse de Lisieux qu'elle emprunte sans doute à Lamartine : « Le temps est ton navire et non pas ta demeure. »

Attends ! Espère ! Ne traverse pas le pont avant d'y arriver… et surtout ne va pas tirer les rideaux avant la nuit.

Toute cette sagesse antique me fascine en même temps qu'elle m'instruit à vivre aujourd'hui, au présent.

*Hélène Dorion écrit (**Recommencements, p. 116**) :*

« D'où vient cette faille à partir de laquelle notre vie ne peut plus être la même ? Comment en arrive-t-on à aller vers ce qui nous déchirera ? À quel moment de la vie cesse-t-on de s'accrocher à ce qu'on sait de soi-même pour aller vers ce qu'on ignore, acceptant alors qu'il n'y ait d'autre choix devant soi que de sauter du haut de la falaise ? Et au moment de plonger dans le vide, d'allumer le bûcher, comment croire que ce qui nous donnera cette vie attendue doit d'abord nous détruire ? »

Il y a là quelque chose de très douloureux…

Hélène Dorion, ici, me fait penser à Saint-Denys Garneau : « Je marche à côté d'une joie. »

Malgré tout, Saint-Denys Garneau reste dans le même sentier. Hélène Dorion ne veut plus marcher, elle saute dans le vide. Elle ne veut plus suivre son sentier de vie… Au lieu du sentier présocratique, elle souhaite l'expérience océanique. Une mer sans rivage. Quel risque ! Bon voyage !

Saint-Denys Garneau ne saute pas dans l'inconnu comme elle…

Pour sauter ainsi dans le vide, il faut avoir consulté Bouddha… et tous ces penseurs qui font l'éloge du Vide. Notre existence ? Le vide avant… Mon existence vient accomplir quelque chose dans le vide… Les croyants s'en remettent à la pensée gratuite de Dieu « maître du temps et de l'espace ».

Je ne vois pas du tout Saint-Denys Garneau parlant du vide. Ni le poète Jacques Brault, si sensible à l'implicite, au non-dit de l'âme et du cœur, à la mémoire qui relie.

Dans votre vie à vous, il y a eu des sauts dans l'inconnu.

Beaucoup. Par exemple : entrer chez les dominicains sans savoir ce qui allait m'arriver. Entrer dans le monde des études alors que seul celui du sport m'occupait l'esprit. Des décisions souvent provoquées par les événements. Suis-je normal, ou suis-je comme tout le monde en général ?

Comme vous êtes religieux, il y a l'obéissance qui joue un rôle dans vos orientations…

L'obéissance, à l'université, m'apparaissait comme un rapport personnel avec un supérieur de passage. De nature, je suis communautaire. Obéir à l'intérêt global d'un groupe d'appartenance m'a toujours motivé. Obéir à une seule personne n'est vrai que si cette personne incarne plus qu'une volonté de puissance.

Mais on vous a envoyé à Toronto ?

J'y suis allé en raison de la confiance que je portais à mon professeur préféré, le père Régis. Non par obéissance, mais par confiance.

Parlant de sauts… dans un autre ordre d'idées et de fait… plus délicat. Vous, si joyeux, spontané, vous avez été amoureux d'une femme, une fois, deux fois ?

De plusieurs femmes. Encore aujourd'hui. Je me dis toujours : *safety in number* ! Et je m'en réjouis autant qu'avant. L'important est le respect des personnes et des sentiments. Dieu aime, nous aime totalement chacun, chacune, mais dans le respect divin de nos différences.

Mais vous n'avez pas fait le saut, changé votre style de vie.

J'accepte l'amour. Je l'aime par-dessus tout. Quelle force que l'amour! Et finalement plusieurs de ces femmes-là sont demeurées mes amies. Très profondément. Donner de l'amour, c'est aimer plus que recevoir. «Il y a plus de bonheur à donner qu'à recevoir», disait Jésus (*Ac* 20,35).

J'ai béni le mariage d'une de mes meilleures amies ou célébré le baptême des enfants de certaines d'entre elles. Faut le faire!

J'accepte toujours l'amour. Je n'ai jamais été sur la défensive quand il était question d'amour. Je n'ai pas connu les expériences intérieures violentes de l'amour, avec des déchirements dramatiques. Je négocie avec l'amour, et celui-ci m'aide à tenir la route. L'amour me sauve dans la mesure où je donne à l'autre, l'ami, l'amie, la première place.

Vous avez réussi à maintenir vos engagements.

Toujours.

Je priais pour tenir le coup. Pour ne pas faire trop de gaffes. Surtout pour ne pas faire souffrir l'autre. La prière devenait un premier appui. Je me souviens d'une amoureuse athée, elle savait que je priais… ce fut merveilleux, et ce souvenir reste encore merveilleux. Cette douceur dans le fait de chercher à expliquer, à se comprendre, à s'accepter et de suivre chacun, chacune sa route, sans oublier l'amour ni trahir l'essentiel, est souveraine.

La vie religieuse, l'engagement religieux est un sujet particulièrement maltraité dans la littérature et au cinéma… qui en font une fuite de la vie, un refuge pour les victimes de peines d'amour et autres thèmes superficiels… Vous, la vie religieuse est le cœur de votre existence depuis 1936… qu'en dites-vous ?

L'engagement religieux ?

C'est le pari de la continuité, le même qui existe dans d'autres formes d'engagement comme le mariage ou l'équivalent…

Ici la continuité, pour moi du moins, s'est affirmée à un âge — 20 ans — où je n'avais pas la maturité ni les connaissances pour engager ainsi l'avenir. Cela, je l'avais perçu par les rares mots de mon père et de mon amie de cœur, Thérèse Gagnon.

Mon père avait simplement dit, contrairement à ma mère, honorée et fière d'avoir un religieux dans la famille : « Va voir qui sont les dominicains, et tu verras. »

Personnellement — et c'était instinctif —, je me devais de prendre le train qui, le 26 juillet 1936, me conduirait de la gare de La Durantaye à la gare de Saint-Hyacinthe. J'étais conscient d'un départ. J'ai pleuré en secret en m'habillant de mon plus beau veston du dimanche.

Plus je cherche aujourd'hui à examiner mes motivations de l'époque, moins je comprends. J'aimais tellement ma blonde et j'avais une propension naturelle à l'ennui…

À 12 ans, j'avais admiré le père Égide Roy, franciscain qui partait pour le Japon y donner sa jeunesse, sa vie.

J'avais consulté un directeur spirituel, le « vieux » Mgr Minville de Lévis, et il approuvait que je suive mon idée. Je connaissais deux, trois confrères de Sainte-Anne qui étaient déjà entrés chez les Pères, mais je partais sans d'autres certitudes que la mienne : « Va prendre le train et tu verras bien. »

Deux motivations me guident à l'époque : une motivation humaine, celle de quitter le 3e Rang pour aller ailleurs, au loin ; une motivation spirituelle, moins évidente mais tenace, qui m'intime de partir, de donner ma jeunesse à plus grand que moi-même.

Naïf, superficiel, je n'approfondis pas mes désirs. Mais toujours je suis certain que je dois prendre le train du 26 au matin pour aller ailleurs et voir… Il faut savoir que, léger de tempérament et enclin à l'improvisation, cette certitude de donner ma vie à plus que ma vie était tenace, comme d'un autre ordre…

Aujourd'hui centenaire en devenir, plus je réfléchis sur la vocation religieuse et son idéal de continuité, plus j'admire ce défi de toute jeunesse, cette vocation improvisée. J'en remercie le ciel. J'étais certainement attiré par un invisible pouvoir ainsi que par le désir d'être fidèle ailleurs… comme mon père et ma mère s'étaient mariés pour prendre la terre à leur compte en même temps.

Mais qu'est-ce qui fait que des hommes ou des femmes choisissent la vie religieuse, la vie « consacrée » ?

Je dirais que la vie religieuse, c'est le don de soi à plus grand, que soi.

Je reconnais que le mariage est souvent plus exigeant.

J'ai mesuré sans trop le savoir… j'allais faire en sorte de donner ma vie à beaucoup de monde… au Japon, en Afrique, etc.

La vie religieuse m'a récompensé.

Mais le cœur de cet engagement, quel est-il ? Une relation particulière avec le Christ ?

Ce n'est pas si clair que ça.

Je sors du 3ᵉ Rang et je m'en vais donner ma vie à plus grand que la forêt et à plus grand que le fleuve.

Et vous vous engagez dans le grand fleuve d'un ordre religieux séculaire…

Et international… ce côté m'a beaucoup inspiré.

Comment voyez-vous les gens qui « sortent de la communauté »?

J'en ai aidé beaucoup à sortir… Ils étaient entrés pour de mauvaises raisons…

Vous croyez? Ne pourrait-il pas y avoir un changement en cours de route? Ne pourrait-il pas y avoir un engagement véritable, mais qui ne correspond plus à la vérité de la personne à un moment donné?

Ce qui est sûr, c'est qu'aujourd'hui, les départs dans les communautés religieuses ou ailleurs ne sont pas interprétés de la même façon. Ils sont souvent vus comme des brisures… mais non comme des échecs.

Il ne faudrait pas oublier que la vie, la vraie vie, est en devenir. Même la mort, comme grain mis en terre, appelle déjà la moisson.

Un auteur spirituel américain, Ronald Rolheiser[5], propose une vision de la vie en trois temps : jusqu'à l'âge adulte, une personne construit sa vie; à l'âge adulte, une personne donne sa vie; rendue à la vieillesse, une personne fait le don de son départ…

Il résume le troisième enjeu par une question : « Comment vivre maintenant de façon que ma mort soit une bénédiction pour ma famille, mes amis, l'Église et le monde? » Nous ressentons parfois beaucoup de gratitude à l'égard de certaines

---

5. *Sacred Fire : A Vision for a Deeper Human and Christian Maturity*, New York, Image, 2014.

personnes, pour la manière dont elles ont vécu et la manière dont elles ont quitté cette vie... Pouvez-vous commenter ce sentiment?

L'histoire de la spiritualité a de ces surprises. Je pense ici à Charles de Foucauld et à Ignace de Loyola. Tous les deux avec leurs mots ont désiré et affirmé de leur vivant offrir en plus de leur vie, leur mort, et telle que Dieu la leur proposerait. Tous les deux, au nom du même amour, nous rappellent à nous le généreux mot de saint Paul: «Aucun de nous ne vit pour soi-même et personne ne meurt pour soi-même» (*Rm* 14,7).

Mais aujourd'hui... à l'instant, y a-t-il pour vous une spiritualité qui vous permette — et jusqu'à la fin — d'intégrer en même temps toute votre vie, passée, présente et future?

Une spiritualité? Oui, la même que la vôtre, faite de réflexion, de pensées, de prières diurnes et nocturnes, de méditation, d'oraison et de contemplation.

Face à la vie qui s'en va et au temps qui fuit, il ne reste à ma portée que l'instant.

Il existe comme un lien naturel entre vieillesse et spiritualité en ce sens que la vieillesse normalement impose solitude et réflexion en même temps que besoin de gestes sacrés. En résumé, en latin médiéval: *Vespere laudatur dies.* Le soir honore le jour. Ou le récapitule.

C'est en un sens un privilège que de longuement se souvenir, ou même de célébrer la vie, du moins de son mieux l'intégrer.

Youth is a work of nature. Old age is a work of art!

PARTIE II

Réflexions spirituelles

RÉFLEXIONS SUR LA MORT ET SUR LA SPIRITUALITÉ

1. Qui dit spiritualité dit esprit. Qui dit esprit dit énergie de l'âme. Ce qui nous renvoie à une part de nous-même plus intérieure, moins visible, parfois secrète. Soit certaines manières de penser, de vouloir, de comprendre, d'aimer, de croire, d'espérer… et d'imaginer. De tous les êtres qui existent sur la terre, seuls les humains, semble-t-il, sont capables de manifester une conscience du spirituel et d'en parler convenablement (Pascal). En soi, la spiritualité intègre, assume, tel le souffle qui par l'air assure la vie.

La spiritualité peut se retrouver chez les juifs, chez les musulmans, chez les chrétiens, tous monothéistes croyants en un Dieu unique. On la rencontre aussi chez les bouddhistes et autres, souvent même chez des incroyants. La spiritualité peut se manifester chez le moins instruit, parfois mieux que chez le diplômé de carrière. Il n'est pas nécessaire non plus d'être un saint, une sainte, à genoux dans une église ou debout dans une synagogue, ou en prostration dans une mosquée. Il n'est pas nécessaire non plus de faire des miracles ou d'avoir des extases pour être spirituel. Ce n'est pas une question d'âge non plus. Les personnes qui ont vécu des deuils, des échecs, des épreuves, ou qui encore sont capables de silence prolongé, sont davantage portées à penser, à vouloir spiritualiser leur vie. Les personnes à qui les soins palliatifs de longue durée sont familiers savent tout cela…

2. Venons-en à la mort. Inévitable mort. Incontournable. Inacceptable en soi. Un mal. L'échec du corps. Pleine de mystère, la mort contient plus de secrets que la vie. La mort rattrapera toujours celui, celle qui la fuit. Généralement, le corps s'y oppose jusqu'à la dernière seconde de sa vie.

On l'a dit et répété : le soleil et la mort ne peuvent pas se regarder en face (Cervantès). Parlons-en comme d'un événement personnel, individuel. Comme la naissance.

La spiritualité et la mort ? Le plus grand défi que peuvent rencontrer les religions et les cultes institués est la mort. Le bouddhisme, qui est d'une grande sagesse, dit que la mort n'est ni fin ni rupture, ni mort finalement. Combinaison continue des éléments qui constituent la vie, celle-ci se recomposerait périodiquement pour former chaque fois un nouvel être régi selon la qualité des pensées, des paroles et des actes posés par l'individu au cours de sa vie. Les religions monothéistes s'expriment autrement. L'islam voit la mort comme une étape. Il en est de même du judaïsme pour qui la mort est tout simplement l'aboutissement naturel et normal de tout être vivant. Corps et âme se séparent à l'instant de la mort ; le Créateur peut ramener à la vie le corps et il le fera dans des temps et par des voies qui échappent encore à la connaissance humaine.

Largement influencé, sinon totalement dirigé par son inspirateur Jésus de Nazareth, le christianisme tente jusqu'à l'indiscrétion verbale de dire pourquoi l'on meurt, ce qui arrivera après la mort et même ce qu'il en est de notre communication, pour ne pas dire communion, avec les défunts. Selon le christianisme encore, la mort reste un mal ; le Créateur de la vie ne peut pas vouloir le mal. En se séparant de son Dieu, l'être humain a contracté une fragilité qui aboutit à la mort corporelle. Sauf que Dieu, désirant toujours que je vive, peut faire de ma mort un passage à une vie, la même mais plus glorieuse, éternelle. Ainsi pensent les juifs et les musulmans. Comme Jésus de Nazareth fait lui-même l'expérience de la mort corporelle, son autorité face au sens de la mort augmente d'autant plus qu'il se réclame directement d'une filiation divine. Conscient de la difficulté de cette croyance, il en appelle à sa propre parole! «Qui croit en moi, même s'il meurt, vivra… Voyez, dit-il, le grain mis en terre qui à sa manière meurt et ressuscite.» Cette croyance en la vie éternelle est partagée à différents degrés par les juifs et les musulmans pratiquants.

Selon le même Jésus-Christ vivant bien qu'étant invisible, des liens seraient possibles entre les vivants et les défunts. Le Christ s'engage à communiquer nos pensées à nos défunts comme les défunts, par lui, pourraient nous communiquer les leurs. Ni l'islam ni le judaïsme ne vont jusque-là. Pour eux, Dieu seul peut communiquer de cette manière. Rappelons que plusieurs moines tibétains croient à une communication avec les défunts, à condition d'être guidés par un maître spirituel.

Il y aurait enfin à considérer la mort comme phénomène social. Une tout autre dimension. Dois-je en parler? Il s'agit de la mort-offrande, de la mort-oblation, du don de sa vie à un autre et à plus grand que soi. Ici, le christianisme, largement influencé par son rassembleur, Jésus, affirme que *nul ne vit pour soi-même, que nul ne meurt pour soi-même*. Telle est la mort du martyr qui meurt pour sa communauté, celle du kamikaze qui meurt pour la libération de son peuple, celle du Christ qui meurt pour l'humanité. C'est la mort intégrée, la mort-partage… Mort idéalisée ou mort de croyantes, de croyants? C'est à voir.

LA FOI
DE ROSE-ANNA BLAIS,
MA MÈRE (1882-1951)

« Je me souviens ! » Courage et fidélité vont de pair. Des hommes et des femmes venus pour la plupart de « doulce France » ont construit des églises, ouvert des écoles, bâti des hôpitaux, tracé des routes pour créer un pays. Les mêmes ancêtres ont développé un art sacré de plus en plus apprécié des connaisseurs. Minoritaires et isolés de la mère patrie depuis 1760, ces gens avaient la foi forte et le cœur large comme un continent. Pendant longtemps, le Canada français catholique se permet d'envoyer de nombreux missionnaires vers ce qu'on appelait les « pays lointains ». Jusqu'en Asie ! Jusqu'en Afrique ! Jusqu'en Arctique !

Ils sont croyants, croyants à partir de certaines « vérités » pareilles dans leur ensemble tant en Amérique française qu'au Québec, et ce, jusqu'au milieu du XXᵉ siècle. Leur religion de tradition catholique fait l'unanimité ; elle se traduit par des pratiques culturelles uniformes. Qui ne se souvient des célèbres mots de Maria Chapdelaine (1916) repris dans *Menaud, maître-draveur* (1937) : « Nous sommes venus il y a trois cents ans et nous sommes restés [...] Nous avions apporté d'outremer nos prières et nos chansons » ?

Ce n'est plus un secret pour personne que les femmes de ce pays — le Québec — furent, de par leur générosité de nature et leur aptitude à la débrouillardise, les premières gardiennes de la religion catholique. De même qu'elles furent les premières, à la maison, à l'école, à veiller sur la foi familiale, dans les années 1970, elles furent les premières à résister à certaines directives romaines et à amorcer d'une façon plus évidente la révolution dite tranquille.

Parmi ces femmes d'autrefois plus responsables et plus susceptibles de représenter historiquement la religion de nos ancêtres, il y a sans contredit nos mères. Ce sont elles qui ont souvent poussé leurs hommes à obéir aux requêtes plus immédiates de la vie publique. « Les affaires de religion ! Nos femmes savent comment faire mieux que nous, les hommes. »

Les dits de ma mère

Aussi, la foi de nos mères fut jusqu'en ces dernières décennies une foi reçue, une foi d'héritage, une foi transmise de mère à enfant, de famille en famille. Les termes usuels de cette foi sont simples, quotidiens, répétitifs, humblement vécus. Nous avons choisi quelques-unes de ces expressions plus signifiantes ; nous les citons et les énumérons selon, croyons-nous, l'ordre possible de leur importance[6].

---

6. Il m'arrivera au cours de cet exposé de revenir à *La foi de ma mère* (Montréal, Bellarmin, 1999, 560 p. [2ᵉ éd. 2000, 556 p.]), autant pour créer des liens entre nous, lecteurs et lectrices de diverses générations, que pour favoriser le respect des contextes. À ce propos, les ancêtres de ma mère, les Blais, étaient venus en Nouvelle-France au XVIIᵉ siècle ; ils traversèrent les mers à partir des confins du Poitou pour s'installer à Sainte-Famille, Île d'Orléans. Quant à Rose-Anna Blais, elle naquit le 20 juillet 1882 et mourut le 16 janvier 1951. Son époux Caïus, né comme elle à Saint-Raphaël, le 9 décembre 1883, est décédé beaucoup plus tard, soit le 13 septembre 1969.

« Que ta volonté soit faite sur la terre comme au ciel »

Empruntés à la plus quotidienne de leurs prières publiques et privées, ces mots du *Notre Père* nous instruisent immédiatement sur un aspect majeur de leur pratique religieuse : l'obéissance à Dieu, à ses commandements, à son Église, à ses prêtres. Concrètement, «faire la volonté de Dieu» — l'expression est courante — signifie que l'on sache par cœur les dix Commandements de Dieu. Ceux-ci sont récités à la maison, à l'école. Dans les premières pages du *Petit catéchisme de Québec*, dès qu'il est question d'apprendre la religion aux enfants et d'informer les adultes surviennent les dix Commandements. Énumérés l'un à la suite de l'autre, aussitôt après les Actes de foi, d'espérance et de charité, ils sont annexés à d'autres prières domestiques rituelles. Quant aux sept Commandements de l'Église, ceux-ci profitent de la proximité des Commandements de Dieu ; ils relèvent du même enseignement et des mêmes techniques d'apprentissage. Dieu et l'Église deviennent un tout inséparable. Ces mêmes commandements, dix-sept en tout, font parfois partie de la prière du soir, à la suite de la récitation du chapelet. Il arrive que lors de sa visite dite paroissiale, une visite annuelle, monsieur le curé vérifie si les enfants savent bel et bien leur religion, c'est-à-dire s'ils peuvent de mémoire, comme à l'école, réciter d'un trait les versets attendus, et les uns à la suite des autres. Pour être encore plus certain que ses paroissiens sont bien informés, le même monsieur le curé commentera en chaire, chaque dimanche, chacun des commandements, qui deviennent pour les paroissiens une référence commode lorsqu'il s'agit de se confesser. Quand arrivent les prédicateurs des grandes retraites de la paroisse, annuelles elles aussi, souvent l'enseignement proposé par ces invités soigneusement choisis s'adresse autant aux hommes et aux garçons qu'aux femmes et aux filles, sur la même thématique de l'obéissance à Dieu. Il se peut même que tous ces commandements récités à la file deviennent un défi durant les veillées familiales : « Récite-moi tous les commandements et tu auras un prix. » Le prestige des commandements est tel que pour connaître exactement la volonté de Dieu sur sa propre conduite, il suffit de les interroger. Bref, « faire la volonté de Dieu sur la terre », c'est avant tout, et concrètement, observer de son mieux tous les commandements. Qui connaît ses commandements est en principe un bon pratiquant, un homme, une femme de devoir.

J'ai fait mon devoir

« Faire la volonté de Dieu, faire son devoir » : du pareil au même ! « Je suis en paix, j'ai fait mon devoir » : ce sont des mots souvent dits et entendus par ma mère et toutes les femmes de sa génération. Encore faut-il bien s'entendre sur le sens objectif à donner à ces expressions. « Faire son devoir » évoque un état d'âme, un état de grâce. L'expression peut englober toute la vie, y compris la vie amoureuse.

« J'ai fait mon devoir » repose avant tout, pour ces femmes croyantes et généreuses, sur des sentiments profonds de solidarité avec la famille. Obéir à son mari en matière de fécondité, c'est à travers lui obéir tout d'abord à Dieu. La vie continue par les enfants qui, à leur tour, ont droit à la vie pour la suite du monde.

J'ai mon âme à sauver

Le plus urgent devoir qui soit en ce monde-ci est, pour ma mère, de sauver son âme. Précisons qu'à l'époque, à Bellechasse, l'âme est un nominatif qui renvoie à toutes sortes de concepts. L'on dit encore en 1960, et fréquemment, que tel ou tel a rendu l'âme, que la paroisse compte 2000 âmes. Rose-Anna Blais, pour sa part, sait que son corps va mourir, qu'il sera enterré, mais que son âme, elle, s'envolera au ciel. Ces femmes ne s'embarrassent pas l'esprit de ce que nous appelons le dualisme existentiel… de l'âme et du corps. L'important est de faire en sorte que son âme prenne la route du ciel.

Le ciel en est le prix

Sauver son âme sur la terre est se préparer à aller au ciel, aller de «l'autre bord», comme elle dira. Le ciel habite son désir de salut autant que les cantiques qui le chantent habitent sa mémoire.

> *Le ciel en est le prix.*
> *Que ces mots sont sublimes*
> *Des plus belles maximes*
> *Voilà tout le précis.*

Et le refrain attendu :

> *Le ciel-el, le ciel-el, le ciel-el…*
> *En est le prix!*

«Beau ciel! Éternelle patrie!» Tel est le titre d'un autre cantique préféré. Ou encore, durant le mois de mai :

> *Au ciel! Au ciel! Au ciel!*
> *J'irai la voir un jour…*

«L'essentiel, c'est le ciel», répète à satiété et jusque dans les années 1980 un des prédicateurs populaires préférés de ces dames.

Le suprême désir de ma mère, de nos mères, est d'aller au ciel. Enfin! Un repos éternel! Suprêmement mérité, si nous nous souvenons à quel point ces femmes d'antan souhaitent respecter tous les commandements. Donc, le vrai bonheur est ailleurs. Le monde actuel est inachevé; le bonheur parfait viendra plus tard, à l'heure choisie par le Créateur. «Mériter le ciel» ou «faire son salut» signifie, pour ma mère comme pour ces femmes de foi vive, faire son possible sur la terre. Non pas fuir, mais agir de son mieux en élevant bien les enfants et en demeurant fidèle à son «homme», le même homme. Il s'agit ni plus ni moins d'une récompense à mériter, avec un prix à payer pour réparer ses péchés. Ce prix est à payer en cette vie. Sinon, c'est le purgatoire… «Le ciel en est le prix!»

Nos amis d'en haut

Au ciel, il y a le Bon Dieu, Celui que certains appellent le Père éternel. «Un maudit bon Diable», disent les habitants des rangs, mais sur un ton affectueux. Il est en haut, au-delà des nuages, Il les domine, ainsi que le racontent des images saintes distribuées dans les écoles et durant les retraites paroissiales. S'il survient un deuil, une épreuve majeure, un orage à tout rompre, du froid et de la neige à tout bloquer, cela veut dire que le Bon Dieu n'est peut-être pas tout à fait satisfait. «On devrait prier un peu plus.» C'est ainsi que l'admiration voisine avec la crainte et que le respect invite au culte.

Quant à la Sainte-Trinité, il faut bien se résigner à ne pas la retrouver souvent chez ces hommes et ces femmes si près de la nature, même si le catéchisme la mentionne. Déjà que dans les conversations courantes la grâce tient lieu de l'Esprit saint, au point qu'il existe une sorte d'obsession de l'état de grâce. Cette obsession amène le recours à la confession, éloignant par là même la pensée de la Trinité.

Celui qu'ils aiment au plus haut point et qui est aussi Dieu, mais un Dieu plus proche, s'appelle Jésus. Jésus est né à Noël et il va mourir le Vendredi saint après le dîner à cause de nos péchés. Des croix partout, à l'église, à la maison, même dans la grange, nous le rappellent. L'effet de cette croyance pour ma mère? Dieu tient vraiment à nous, à elle. Il ne nous reste qu'à pécher le moins souvent possible, car tout péché augmente la souffrance du Christ. Ma mère le dit et le redit : « Faire des colères, dire des "menteries", voler des bonbons, c'est faire de la peine à Jésus. » Il est donc désirable que nous fassions le moins de peine possible à notre meilleur ami d'en haut, le Bon Dieu.

Le troisième personnage sacré en importance pour ma mère est la Sainte Vierge, qui occupe chez elle une place de choix. Nous nous en rendons compte à la maison par le nombre de chapelets que ma mère récite à notre intention, surtout depuis sa maladie. Marie est de toute évidence sa protectrice favorite, la mère, la confidente, l'incomparable, l'inimitable. Il s'agit bel et bien d'un rapport privilégié. L'on inscrira au verso de l'image mortuaire de ma mère le *Souvenez-vous* qu'elle dit tous les soirs avant de s'endormir. Il est une autre femme très importante dans la vie et la piété de nos mères de la Côte-du-Sud : la bonne sainte Anne, « la grand-mère d'en haut », ainsi que l'appellent affectueusement les gens du pays. Les miracles qu'elle fait le 26 juillet de chaque année sont attendus. Quelle confiance !

Plus le peuple est isolé et minoritaire, plus le besoin de médiation s'affirme. Après le Bon Dieu tout le temps, après la Sainte Vierge toute l'année, après la bonne sainte Anne en juillet, ma mère, comme sa mère, comme les femmes du temps, opterait pour les âmes du purgatoire. « Ce sont [*sic*] notre monde, elles pensent tout naturellement à nous autres, j'en suis certaine. » Elle est convaincue plus que nous tous qu'il existe une réelle communication entre les vivants qui peinent sur la terre et les âmes qui peinent en haut. Elle tente souvent de nous mobiliser pour gagner quelques nouvelles indulgences « applicables aux âmes pour les délivrer des flammes du pur-gatoire »·

Faut-il le dire : pendant ce temps, mon père invoque les anges, surtout son ange gardien, « mon bon Ange », l'ange qui le protège contre les dangers immédiats et qui veille aussi sur ses bêtes à cornes. Par ailleurs, il existe un autre ange, « un ange cornu », le plus grand ennemi du genre humain qui soit, le pire malfaiteur de tous les temps, le Diable. Ma mère en est consciente et, pour mieux nous mettre en garde contre « les tentations de l'ennemi », elle nous raconte ses histoires de diable séduisant, de diable beau danseur, tandis que mon père excelle par ses histoires interminables de loups-garous. La leçon est la même : moins de péchés à la maison, moins de diable à l'horizon. En fait, ils sont tous deux d'accord : il n'y a que la Sainte Vierge pour venir à bout de ce « maudit hypocrite ».

La foi de nos mères ne se limite pas à cette terre-ci. Ma mère a appris, et croit fermement, qu'un ailleurs est possible, que le temps est linéaire et qu'il débouche sur l'éternité tout comme le fleuve qu'elle voit couler vers l'océan. Quant à la transmission de ces croyances, elle est redevable en grande partie aux prêtres et à leurs aides, les sœurs, les frères, les maîtresses d'école.

Nos prêtres

Toujours selon le même principe, à savoir que nous avons besoin d'aide face à la vie pour réussir notre salut et pour nous absoudre de nos péchés, nos mères dans leur foi toute simple accordent volontiers leur confiance immédiate aux prêtres. Selon leur pensée, ces hommes qui prient souvent sont en contact avec Dieu et avec le ciel. Elles ont d'autant plus de foi et de confiance qu'elles sentent leurs prêtres proches, dévoués et disponibles au moindre appel. Tel est aussi le sentiment de ma mère, femme semblable à tant d'autres du voisinage.

Dévote, sensible, elle n'aime pas tous les grands mots de la religion; elle entend parfois des sermons «tout frais neufs sortis du Grand Séminaire […] Nous autres, les femmes, ne parlons pas comme les prêtres. Nous n'avons pas les mots qu'il faut pour dire la religion. Nous écoutons de notre mieux ce qu'ils disent. Peut-être que le Bon Dieu veut que ça se passe ainsi!»

Il est parmi ces consacrés au Seigneur, admirés par la population locale à cause de leur dévouement, quelques êtres encore plus admirables, si possible: les missionnaires qui partent vers les pays lointains pour y offrir leur temps et leur vie. Ma mère qui s'est toujours ennuyée de son village natal se montre très sensible à chaque départ de missionnaire: elle pleure ouvertement durant toute la cérémonie du départ à l'église, devant toute la paroisse. Peut-être plus prosaïque, mon père préfère à tous ces adieux de missionnaires partant pour l'Asie et l'Afrique les «gros pères» prêcheurs des retraites annuelles, parce que, de son point de vue toujours, ces hommes ne sont pas des «feluettes»; ils parlent fort, ils parlent clair, «pis ils nous confessent ben dret dans les yeux». Pourquoi nos gens n'ont-ils pas autant d'affection évidente pour les «bonnes sœurs» et les «bons frères» qui prennent soin des enfants? C'est qu'ils les connaissent moins. Les rangs sont si loin du village!

Admirative et altruiste, ma mère, tout autant que ses consœurs de la paroisse, accorde ses attentions à des laïcs que leur fonction identifie à la religion, tels le sacristain, la ménagère de monsieur le curé, la maîtresse d'école, l'organiste, les marguilliers et les enfants de chœur. Il arrive même au médecin de famille de profiter de leurs faveurs… et de leurs prières. Car pour dire leur reconnaissance au ciel et à la terre, ces paroissiennes, souvent pauvres en avoir, offrent ce qu'elles croient être le plus riche cadeau à faire à quelqu'un: prier, prier pour lui. «Quand tu pries, tu fais confiance; quand tu fais confiance, tu aimes.» Il est un fait assuré: ces mères auront appris de leurs prêtres et religieux à trouver dans la prière une manière de les imiter autant que d'être reconnaissantes. Quelles que soient leurs différences d'âge et d'état, la prière aura été pendant longtemps le plus évident lien de parenté et d'amitié entre ces femmes et leurs prêtres.

Eux, les hommes !

Le père de famille règne. À l'église, il occupe la place d'auto-rité, c'est-à-dire au bord, à l'entrée du banc qu'il a d'ailleurs lui-même choisi et payé. Au jour de l'An, il donne la béné-diction paternelle ; par solidarité avec les enfants, son épouse s'agenouille et se signe. Il règne sur sa terre, sur sa grange plus particulièrement. Un suzerain !

De toute façon, s'il y a des comparaisons à établir entre homme et femme, celles-ci n'ont rien de théorique. L'homme est un homme ; la femme est une femme. « Dieu ne nous a pas faits différents pour qu'on se batte ; Il nous a faits pareils à Lui. » Et si nous voulions absolument évaluer la foi des hommes et des femmes, nous dirions encore et toujours : les femmes prient plus souvent, plus longtemps et mieux. Elles sont plus dévotes, plus généreuses en piété qu'en dû conjugal. Ce sont elles qui souvent diront à leur époux qu'il faut faire ses Pâques, aller se confesser, aller communier, dire le chapelet à l'heure convenue.

Nous autres, les femmes !

Ces mots, ma mère ne les dit pas tellement par dépit, ni au nom d'une revendication à caractère social, ni encore moins pour se plaindre et se justifier. Le ton qu'elle emploie appelle davantage une réalité irréversible qu'une soumission à Dieu. Il convient d'ajouter que ma mère n'est pas très heureuse que monsieur le curé, dans son sermon, fasse davantage l'éloge de Marie — qui se fait servir comme son propre mari — que de sa sœur Marthe qui reste seule à préparer le repas : « Nous autres, les femmes, nous aimons nos hommes, mais s'ils nous aidaient un peu plus à la maison, ça ne leur ferait pas de tort et ça nous encouragerait [...] Nous autres, on va les aider à la grange... » Tout cela est dit sur un ton réservé et sans espoir de changement.

Une grande admiration est portée aux mères de famille nombreuse. La nouvelle circule qu'elles sont bénies de Dieu. Il en est de même des veuves qui se retrouvent tout à coup obligées d'élever seule leur famille, ou encore de ces « vieilles filles » qui demeurent à la maison paternelle et font leur vie à aider tout le monde dans l'anonymat et avec un courage étonnant.

Nous ne nous souvenons pas que ma mère ait exprimé des regrets explicites sur un Dieu si souvent représenté sous les traits d'un homme. Elle sait qu'il y a bien du mystère dans l'air comme dans les mots de la religion. De toute façon, les femmes le pensent à l'unanimité : qu'aurait été la création sans Ève, sinon un échec ?

La journée d'une pratiquante

Les sacrements

Ma mère estime, comme c'est la croyance générale à l'époque, qu'il convient d'être baptisé aussitôt venu au monde. Sinon l'enfant risque les limbes. Parlant de baptême, ma mère aime choisir et proposer les noms à donner aux enfants nouveau-nés. Des noms de saints, bien entendu. Que ces saints soient connus ou moins connus, cela importe peu pourvu que cet enfant ait, pour le protéger, un saint patron qu'il peut prier et, dans la mesure où ses connaissances le lui permettent, imiter. « Des saints sont toujours des saints. » D'ailleurs, c'est la coutume : chaque nom masculin est associé à celui de Joseph, alors que pour les femmes, il s'agit de donner la priorité à Marie. Ces noms plus rares, elle les trouve dans un calendrier ecclésiastique que monsieur le curé lui a donné, moyennant offrande libre. Or, des noms de saints, il s'en trouve pour tous les jours de l'année. De toute façon, son mari porte le nom plutôt étrange de Caïus, un saint du IIIe siècle. Il nous était difficile de penser que notre père pût être fidèle ou infidèle à « son saint patron Caïus ».

Les autres sacrements — la confession, l'eucharistie, la confirmation, l'ordre, le mariage, l'extrême-onction — sont donnés à mesure que se présentent les circonstances qui les appellent. Chaque sacrement est une occasion de grâces particulières. Toutes les femmes de la paroisse savent qu'il est nécessaire pour les enfants de « marcher au catéchisme » afin de se préparer à la première communion, et donc à la première confession. Le catéchisme doit être appris par cœur ainsi que les Commandements de Dieu et de l'Église, repris, nous l'avons dit, à la prière du soir.

La confirmation est obligatoire sans qu'elles sachent trop pourquoi… Le mariage est un sacrement des vivants qui permet aux nouveaux époux d'élever une famille et de s'aimer… sans pécher. L'ordre, en raison du célibat, est un état privilégié, réservé aux jeunes qui se destinent au sacerdoce et à la vie religieuse. Ces derniers sont identifiés par un costume particulier : la soutane pour les prêtres, et le voile pour les femmes en robe longue. Enfin, le sacrement de l'extrême-onction est réservé aux mourants. C'est surtout de l'église paroissiale, les dimanches et lors des fêtes d'obligation, que se propagent et sont dictés les grands axes de leur religion.

Tous les jours…

Sur fond de pratiques sacramentelles se dessine la journée d'une pratiquante. Précisons qu'à l'époque de ma mère, toute la paroisse, en principe, est pratiquante. Toute la paroisse va à l'église parce que toute la paroisse veut aller au ciel… Le temps de l'année le plus important dans la vie d'une pratiquante est celui de Noël : soit de l'avent jusqu'au 2 février. Certains mois sont consacrés : mai à Marie, juin au Sacré-Cœur, juillet à la bonne sainte Anne, octobre au Rosaire et novembre à nos défunts. La semaine la plus importante de l'année est la Semaine sainte. Des jours de la semaine, le plus intouchable demeure le dimanche. Vendredi est le jour du Christ mort pour nos péchés. Samedi est le jour de la Sainte Vierge. Tous les jours se ressemblent, sauf les dimanches et les fêtes d'obligation qui célèbrent le Bon Dieu et ses mystères. Dimanche est le jour solennel où l'on va à l'église ; on s'endimanche, on prie, on se rencontre au village et à l'église. Il s'agit également du jour attendu pour la confession et la communion, au moins une fois par mois.

Si l'église est la cathédrale du village, la maison est le cloître de ma mère comme la grange est la rue principale de mon père. En se levant vers les cinq heures du matin, mon père prend soin d'allumer le poêle en hiver avant de se rendre à la grange. Ma mère, elle, donne son cœur au Bon Dieu, dit ses Actes (de foi, d'espérance, de charité et de contrition) ou prières à genoux, puis réveille les enfants vers les sept heures. Ceux-ci doivent aller à l'école, mais pas sans avoir auparavant dit leurs prières. Le déjeuner est prêt pour toute la maisonnée. Les enfants partis à l'école et les hommes à leurs travaux habituels, ma mère reprend ses tâches domestiques : ménage, lavage, repassage, rapiéçage. Elle s'occupe à préparer le dîner. Même rituel à la cuisine avant le souper, vers les six heures du soir. Rappelons qu'avant chaque repas, chacun doit dire son bénédicité, suivi des grâces. Après le repas du soir, ou avant s'il y a d'autres travaux plus urgents, c'est le chapelet en famille avec l'énoncé des mystères, et les *Notre Père* et les *Ave* en série. Ma mère est d'une santé délicate, elle va au lit assez tôt. À moins que la visite ne la retienne, car celle qui a la réputation d'être une «ennuyeuse» adore la visite.

L'horaire ne varie guère selon les saisons. Jours longs, jours courts, les animaux de la grange imposent leur rythme de vie… et de mort. De ce point de vue et sans qu'il y ait jamais de discussion, mon père et ma mère savent ce qu'il convient de faire de la journée. Puis, il y a les dévotions de ma mère. Elles sont celles de la plupart des femmes de Bellechasse : le chapelet passe en premier, puis les prières d'avant et d'après les repas, le chemin de croix à l'église avant la grand-messe… si possible, les prières indulgenciées applicables aux âmes du purgatoire, la neuvaine annuelle à la bonne sainte Anne.

Et que dire des lectures sacrées de nos mères ? Il n'est jamais question de lire la Bible. Ce livre est réservé aux prêtres, à ce que l'on entend dire ici et là. Les femmes des rangs n'arrivent pas à l'église avec leur paroissien dans les mains. Ce missel paraît réservé aux femmes plus «nobles» du village et dont les bancs d'église sont situés dans la nef plutôt qu'au jubé. Un journal reçu à la maison, *L'Action catholique*, bien que souvent en retard, satisfait mon père qui le lit assez attentivement. Ma mère préfère les *Annales de la bonne Sainte Anne* que les femmes des rangs se prêtent entre elles. D'où lui est venu *L'Imitation de Jésus-Christ* qu'elle aime dévotement, et qu'elle lit par bribes ? Nous ne l'avons jamais su.

Une spiritualité d'au jour le jour

Est-il possible de résumer la spiritualité quotidienne de ma mère la pratiquante ? Deux mots : prière et sacrifice. Et pour tout dire de sa manière d'être : courage ! Ce dernier mot, elle l'affectionne tout particulièrement. Dans une lettre datée du 4 février 1937 qu'elle m'écrit à la suite du départ de sa fille cadette Cécile, qui vient de quitter la maison pour le noviciat des Sœurs missionnaires de l'Immaculée-Conception, les mots *prière* et *sacrifice* reviennent sans cesse. Or, ces mots, nous les retrouvons alignés de la même manière dans *L'histoire d'une âme* de Thérèse de Lisieux. Ma mère n'a pas lu, que je sache, l'autobiographie de la petite Sainte, pourtant célèbre à l'époque au Québec et que beaucoup d'autres femmes ont lue dans les années 1930-1940.

À cause de sa santé de plus en plus précaire, de l'éducation forte qui fut autrefois la sienne à Saint-Raphaël-de-Bellechasse et du fait d'être soucieuse du bien, d'accomplir son devoir chaque jour dans sa maison — d'expier ses péchés, ajoute-t-elle, parce que sa vie personnelle l'oblige à toutes sortes de privations —, ma mère a sûrement beaucoup souffert. Respectueuse des lois de l'Église, avec le sens du devoir que l'on sait, elle a multiplié les sacrifices et accepté courageusement ceux que la vie lui a imposés. Elle agit par fidélité, par devoir, avec le goût de la réparation propre à la spiritualité de son époque. Elle y va surtout volontairement. Car elle est volontaire.

En 1937, quand sa fille sur qui elle avait tellement compté la quitte, elle m'écrit : « Le Bon Dieu m'oblige à ces choses [...] j'espère que toutes ces misères et ces sacrifices m'obtiendront le pardon de mes péchés. Je demande au Bon Dieu d'être courageuse. J'ai fait ma vie à travailler malade. Je me dis souvent, je ne suis pas venue sur terre pour faire un voyage de plaisir. » Écrits sous le coup de la douleur, ces mots ne révèlent peut-être pas tout le parcours spirituel de Maman, pas plus que celui des autres femmes, mais ils en disent long sur leur grandeur d'âme. Nous dirions que ces femmes si croyantes étaient avant tout réalistes, voyant la vie telle qu'elle s'offre, acceptant au jour le jour des occasions toutes simples de faire leur devoir avec amour et générosité pour le bonheur d'être accordées à la sainte volonté de Dieu.

Si le Bon Dieu peut venir me chercher !

Les mots pour signifier leur ultime espérance surprennent aujourd'hui. Ils doivent cependant être entendus dans un sens particulier. «Si Dieu peut venir me chercher» ou «le Bon Dieu viendra me chercher quand il voudra» signifie, pour ces femmes de bien et de devoir, qu'elles réalisent quotidienne-ment que le temps et la vie ne leur appartiennent pas d'une manière absolue. Mourir un jour est aussi faire son devoir jusqu'à la fin. Dans leur bouche, la même expression témoigne d'une certaine acceptation et de l'apprivoisement d'une réalité difficile pour mieux l'intégrer. «Le Bon Dieu sait ce qu'Il fait», se répètent-elles. Mourir selon leur foi signifie rencontrer l'Autre, Celui qui finalement viendra les chercher. Or, cet Autre ne peut leur vouloir que du bien et faire en sorte qu'elles obtiennent ce qui leur a toujours paru le plus désirable : le ciel ! Eh oui, le Bon Dieu viendra les chercher quand Il le voudra ! Et Lui seul en connaît l'heure et le jour. Dans ses moments plus aigus de fatigue, ma mère dira, comme toutes les femmes de sa condition : «Dieu m'a-t-il oubliée ?»

Cela ne veut pas dire qu'elle préfère mourir, qu'elle rejette la vie, ou qu'elle est parfaitement résignée, qu'elle n'a pas peur de la mort, qu'elle n'éprouve aucun remords à s'en aller, qu'elle ne pense pas à la peine qu'elle nous fait en s'éloignant. Dans son esprit comme dans l'esprit de la plupart de nos femmes chrétiennes, la mort, une affaire strictement personnelle, est à négocier entre Dieu qui en prend l'initiative et chacune d'elles qui aspire à une vie meilleure. Entre-temps et comme la nature le propose, ma mère, ainsi que la plupart des femmes, proteste, appelle au secours. Là est sa vérité : la foi ne supprime pas l'épreuve qui lui donne plutôt ses lettres de créance pour entrer dans l'au-delà, à la suite du Christ mort lui aussi et déjà rendu au ciel.

✳ ✳ ✳

L'on se demandera peut-être en lisant ces lignes si ma mère était, à sa manière, une mystique. Elle ne connaissait sûrement pas ce mot. Et si elle était mystique, c'était dans un sens particulier. Elle a reçu le don de la prière. Ses charismes sont ceux de ses consœurs paysannes qui dans l'humilité et le silence font leur journée, sans autre prétention que de rendre service. Elle écrira un jour à ce propos : « J'ai tellement confiance en Dieu que je suis certaine qu'il va aider toutes les personnes pour qui je prie et que je considère comme mes amis connus et inconnus. »

Comment en fin de compte, résumer la foi de la plupart de nos mères ? Une foi très vive, assurément, mais faite de crainte et d'amour du Seigneur. Une foi courageuse, observante, sociale, bien que marquée par des actes personnels qui ne laissent pas de doute sur la noblesse de leurs intentions profondes. Cette foi, reçue des ancêtres, porte en elle un profond respect de ceux-ci, « les gens du pays » comme nos mères les appellent, ainsi que des institutions. Ma mère aime sa religion et, pour cette raison, aime ses prêtres et leurs alliés. Rites et pratiques sont pour elle et ses voisines les balises qui identifient la route à suivre, la route qui mène au ciel. « Le ciel en est le prix ! » Le ciel avec tout le monde qu'elle aime !

La foi de ma mère ramène à ma mémoire une remarque attribuée à sa contemporaine Thérèse de l'Enfant-Jésus († 1897). Celle-ci aurait dit un jour à une compagne que toutes les grâces reçues au cours de sa vie au carmel, elle les devait peut-être à la prière et aux sacrifices d'une « petite âme » qu'elle ne connaîtrait qu'au ciel. Et si ces «petites âmes» cachées qui ont pendant longtemps meublé la foi généreuse de nos ancêtres étaient ces ancêtres croyants à la manière de nos mères perdues, oubliées, quelque part au fond d'une campagne de Bellechasse? Qui sait? «Je te loue, Père Seigneur du ciel et de la terre, d'avoir caché cela aux sages et aux intelligents, et de l'avoir révélé aux tout-petits. Oui Père, c'est ainsi que tu en as disposé dans ta bienveillance» (*Lc* 10,21).

LIEN ENTRE LES GÉNÉRATIONS, LIEN ENTRE LES ÊTRES

Je suis né au début du siècle dernier dans un monde tout à fait différent de celui d'aujourd'hui. Ma vie, je l'ai vu éclater. Chez nous, à Bellechasse, il y avait la clôture et le rang, puis la campagne, le village et le fleuve. Maintenant, je rencontre des gens qui n'ont plus ces frontières; ils ne les connaissent pas. L'Asie, c'est tout près. Se rendre à Kyoto, ce n'est qu'une question de temps, d'heures. Mais s'il y a plus d'ouverture sur le monde, plus de curiosité, y a-t-il plus de liens?

L'intergénérationnel et la solidarité

Nous sommes tous dépendants les uns des autres; le lien entre les générations est inscrit dans la nature. Il n'y a pas une génération qui puisse se suffire à elle-même, et les relations intergénérationnelles prennent leur essor d'abord et avant tout dans la famille.

À travers ma vie d'enseignant, j'ai eu la chance de connaître des gens de toutes générations, non seulement d'ici mais aussi d'ailleurs. La solidarité entre les générations est plus vivante dans l'Afrique que j'ai connue. Je sais que, au Rwanda par exemple, on garde les vieux à la maison parce qu'ils représentent la lignée, la noblesse de la famille, et ce, même chez les plus pauvres. En Orient, cette solidarité est très émouvante, presque sacrée : au Japon, les vieux sont vénérés, ce sont des ancêtres… Même ceux qui ont perdu l'esprit (ce qui fait une tragédie ici) sont un trésor, ce sont des gens « dont l'esprit est ailleurs », et c'est peut-être dans leur esprit que se trouve le vrai…

Ici, il y a quelque chose qui ne va plus dans l'intergénérationnel, il y a un vide qui s'est creusé. La richesse a joué pour beaucoup dans ce phénomène ; ensuite le nombre d'enfants ayant diminué, la famille est devenue largement moins importante.

La communication

Je vais parler comme un vieux sage : « Plus il y a de moyens de communication, moins il y a de communion. » Techniquement, on a plus de chance d'entrer en communication avec les autres, mais c'est d'une façon superficielle. Une société technique favorise la rapidité, mais la rapidité ne favorise pas nos amours… L'amour a besoin de temps, de tendresse, de gestes, de proximité, il a besoin d'une vie intérieure dans le sens large du terme.

Actuellement, tout notre temps est morcelé : heure de bureau, heure de coucher, du lever, des repas… tout est programmé à l'avance. Les enfants doivent se soumettre à l'horaire minuté des adultes. Ce rythme menace nos relations, car il n'y a plus de place à la spontanéité.

L'éloge du quotidien

Les relations se tissent dans le quotidien, dans nos rencontres, nos petites amitiés, nos petits désirs, nos «petits matins». C'est là que se trouve le plus beau de la vie. Pour rétablir les liens entre les générations, il faut donc partir du quotidien, de la «p'tite vie»... comment se fait-il que *La petite vie* a eu tellement d'impact? Ils se sont moqués de nous avec beaucoup d'intelligence... Comment se fait-il que nous aimions tant nous retrouver dans la cuisine? Il faut dire que dans la cuisine, il y a les repas qui se prennent, et la nourriture n'est-elle pas le meilleur trait d'union!

D'une génération à l'autre

On peut transmettre des valeurs, des connaissances, mais chaque génération devra apprendre à «jouer» sa vie... En tant qu'historien, j'ai l'impression que dans certains domaines, lorsqu'il s'agit d'économie, de la survie d'un pays, il se développe un nationalisme excessif, un impérialisme, et, là, on dirait que l'homme «désapprend sa leçon», on ne sait plus, et on refait des guerres!

Et les jeunes...

Ils sont le radar d'une société. Des milliers de jeunes dans les rues qui se conduisent bien, c'est très beau! Les résultats seront peut-être lents à venir, mais ils viendront. En Tunisie, c'est un jeune qui a tout déclenché en s'immolant... les jeunes ont un pouvoir de mobilisation beaucoup plus grand que leurs aînés.

Jésus aurait marché avec les jeunes! Mais comment se fait-il que l'Église soit si loin d'eux? On ne fait pas une religion avec des lois, on fait une religion avec de l'amour, de la générosité, de la liberté. Une religion qui sent le pouvoir n'est pas bonne, elle nuit.

Heureusement, il est arrivé beaucoup de malheurs à l'Église et, nous, les prêtres, avons perdu le pouvoir ; ça, c'est bon. Mais la coupure s'est faite si brutalement, si émotivement... Les jeunes générations qui sont actuellement dans la rue ne savent rien de ce que leurs parents ont connu. Et ils cherchent, ils ont le sens du sacré, de l'engagement, ils ont besoin d'amour, de rites, de cohésion : certains sont prêts à jeûner pour une cause, ils sont très épris du bouddhisme à cause de la méditation, du rituel, ce qui veut dire qu'on peut aller vers une nouvelle forme de christianisme qui réunit les désirs des jeunes et la nostalgie des anciens.

INSTANTS SACRÉS

Il faut avoir atteint la vieillesse pour comprendre le sens éclatant, absolu, irrécusable, irremplaçable, de ce mot : aujourd'hui.

Paul Claudel

Eh oui ! L'avenir se rétrécit à mesure que le jour baisse. Le temps s'en va à toute allure, les souvenirs remontent à la surface. À trop se souvenir, on risque de s'exiler, tout comme à coudre du vieux, on perd son fil. Quand la lampe va-t-elle s'éteindre ? Y aura-t-il quelqu'un pour tirer les rideaux ? Qui nous donnera la perspective qui pourra amadouer nos premiers réflexes ? Les questions se superposent : la maladie ? la mort ? l'après-mort ? l'au-delà ?

Ce n'est pas un hasard si nous, octogénaires baptisés, aimons cette conversation plutôt intimiste entre Jésus le Nazaréen et ce notable juif du nom de Nicodème. « À moins de naître d'en haut », lui a dit le prophète. Mais comment renaître quand on est arrivé au grand âge ? La réponse de Jésus ne se fait pas attendre : « Ce qui est né de la chair est chair et ce qui est né de l'Esprit est esprit. »

Plus que d'âge, parlons d'esprit et de vie intérieure. C'est qu'il existe au-dedans de nous des forces vives, parfois inconnues sinon imprévisibles, « comme le vent dont tu entends la voix mais dont tu ne connais ni l'origine ni la destination » (*Jn* 3, 3ss). Ces forces de l'esprit dépassent en intensité et en vérité ce que l'âge quantifié nous impose. C'est d'un autre ordre, disait Pascal. « Le royaume de Dieu est au-dedans de nous » et il est rare qu'il fasse la nouvelle à la radio et à la télévision. « L'essentiel est invisible pour les yeux. »

Quel est donc ce *royaume* mal connu et pourtant célébré par le Christ ? Où le trouver à notre âge ? Quel est le secteur à privilégier ? Toute l'histoire de la spiritualité indique que le lieu par excellence des renaissances intérieures et des sanctifications en esprit est le quotidien. Justement, l'Église catholique s'est choisi un autre docteur en mystique, qui fut nommé le 17 octobre 1997 : Thérèse de l'Enfant-Jésus qui, sans faste ni notoriété, aura tout simplement vécu sa vie (1873-1897) en étant malade, en vivant de l'ordinaire et dans l'ordinaire, carmélite jardinant, balayant le cloître, préparant les repas, écrivant par obéissance, sacristine à ses heures, ou encore peintre. « Tout est grâce ! »

La plupart des gens âgés sont aussi renvoyés à leur quotidien le plus ordinaire, aux actes les plus inévitables tels se lever, s'habiller, se nourrir, aller dormir, faire une marche peut-être, poser un bon geste, témoigner de l'attention… La vraie vie, notre vie est là. Ce que Thérèse appellerait : *la voie d'enfance*. Rien de spectaculaire. L'anonymat plutôt. Et à mesure que les personnes âgées se réapproprient le quotidien, leur temps s'en enrichit intérieurement. Temps de réflexion libre. Temps de prière. Temps d'adoration. Temps de méditation. Temps de l'Esprit !

C'est alors que nous découvrons, encore à travers le quotidien, l'importance de l'instant dont parlait avec tant de vérité le professeur André Couture dans *Liturgie, Foi et Culture* (n° 152, p. 36). Ces instants vécus loin de l'actualité et du pouvoir médiatique nous permettent d'intégrer l'alternance qui appelle le rythme ainsi que le passage du temps, le cycle des saisons et la perspective d'éternité, au cœur d'une réalité à vivre aujourd'hui.

Peut-être est-ce la raison intérieure de l'insistance du Christ à observer les oiseaux, les fleurs, les lys et les herbes des champs (*Mt* 6,25-34), ou de cette suggestion qu'il nous fait, dans la grande prière du *Notre Père*, de demander le «pain quotidien» pour qu'arrive le «royaume» sur la terre comme au ciel. N'est-il pas aussi significatif que la majorité de ses paraboles et images soient empruntées à la vie quotidienne, pastorale et familiale? À ce propos, la même docteure de l'Église, Thérèse de Lisieux, raconte à quel point un vers français (il est de Lamartine) l'avait marquée. Elle aimait le recopier: «Le temps est ton navire et non pas ta demeure.» Par ailleurs, elle insiste sur le fait que la *voie d'enfance* est une voie toute reliée au quotidien dans la méditation souvent reprise de ce verset du psaume: «Mille ans sont aux yeux du Seigneur comme le jour d'hier» (89,4). L'éternité dans l'instant! *L'aujourd'hui de Dieu!*

À la fin de sa vie, douloureuse et doutant du ciel, la même Thérèse avoue qu'elle s'efforce de souffrir dans l'instant et par l'instant, au nom de l'amour qui l'habite, même si elle n'en éprouve pas le goût: «Je chante ce que je veux croire.» «Un instant, écrit-elle à sa sœur Céline, c'est un trésor... Profitons de notre unique instant de souffrance! Ne voyons que chaque instant!»

Notre maître l'instant!

On est toujours seul dans l'Église, en même temps qu'on est inséparable d'autrui, parce que le contact s'établit en Dieu qui rend, il est vrai, toutes les âmes intérieures les unes aux autres dans le souffle vivifiant de Son Esprit, mais en ouvrant à chacune l'espace illimité de Son cœur. Elles se touchent, mais dans la fluidité d'une atmosphère où chacune respire avec une admirable liberté, enveloppée d'une tendresse infinie qui est aussi personnellement appropriée à chacune qu'elle est essentiellement commune à tous.

LES ÉTOILES N'ÉCLAIRENT QUE LA NUIT !

Benoît Lacroix, O.P.
Couvent Saint-Albert-le-Grand, Montréal

Il n'y a pas si longtemps, l'idéal était d'être au travail, à la ferme, à la maison ; les enfants sont là, la mère est aux soins ménagers, les voisins vont et viennent. Tout près, l'église nous attend avec ses dimanches et ses fêtes à célébrer. Notre désir ultime est d'en arriver «au Paradis à la fin de tes jours… Sans le salut, pensons-y bien, tout ne nous servira à rien. Au ciel, au ciel, au ciel ! J'irai la voir un jour… »

Autres temps, autres mœurs, autres désirs. « Pourquoi mettre des enfants au monde ? Pourquoi vivre ? Le suicide, c'est du courage… Si je meurs, ne faites pas d'histoire : vite, l'incinération, il ne faut pas déranger, les gens sont trop pressés, oubliez-moi… Dites-moi ce qui est bien et ce qui est mal. » Dans le contexte d'une telle évolution des mots et des pensées, il est normal de chercher des raisons d'espérer malgré tout, d'autant plus que l'espoir, on l'a dit, voyage surtout le soir. Comme les étoiles qui n'éclairent que la nuit !

Une première espérance

Une première espérance est vérifiable. Depuis toujours, l'homme, la femme, est capable d'améliorer son sort. Une parole de Martin Luther King m'inspire : « Les hommes sont meilleurs que leurs actes. » Le jour est plus fort que la nuit, la lumière est plus puissante que les ténèbres, le bien est plus fort que le mal. C'est ainsi qu'un nouveau rapport avec la liberté s'établit et demeure le plus grand privilège qui soit accordé à l'homme pour venir à bout de ses épreuves.

Conscience et loi

De plus en plus, le rôle difficile, mais majeur, de cheminement de la conscience personnelle s'impose à nos gens. Une grande liberté intérieure permet au chrétien, à la chrétienne, de pratiquer des choix plus éclairés quoique difficiles. Ces choix ont besoin de lois pour être établis, vérifiés, mais la loi demeure et doit demeurer un guide extérieur. Les droits de la conscience sont inaliénables. En même temps que l'expérience remplace parfois la loi, nous constatons que nos « fidèles » sont de plus en plus tolérants vis-à-vis de ceux qui ne pensent plus comme eux. Voilà un bel acquis. La tolérance — ou mieux, la patience — est dans les circonstances un don de Dieu. La liberté, elle aussi, vient de Dieu.

Précisément, l'Esprit saint est à l'œuvre. Mystérieusement à l'œuvre, mais de façon si évidente à bien des égards. Je pense tout à coup à cet immense privilège que nous avons de lire directement la Bible, de connaître la Parole de Dieu, de l'étudier et de la partager. Cette Parole n'est-elle pas la raison première de la venue du Christ ? N'est-elle pas à la source de toutes nos pratiques sacramentelles ? Paroles sacrées toujours en action !

Des laïcs baptisés

Ajoutons que des laïcs baptisés s'impliquent de plus en plus dans les affaires temporelles de l'Église, dans l'éducation pastorale des enfants et jusque dans la structure de la vie paroissiale. Des jeunes disent leurs croyances dans la douceur de leurs plus intimes convictions. Des artistes de la scène témoignent. L'Église des cœurs, comme l'appelait jadis Paul VI, va au-delà des frontières plus rigides des églises de pierres. « Le royaume de Dieu est au-dedans de vous. » Nous y sommes. Des baptisés, d'autres aussi, s'adonnent ouvertement à la prière, à la méditation; ils trouvent des lieux neufs de silence, visitent les grands sanctuaires, écoutent la Parole, voire la discutent pour mieux l'assimiler. L'Esprit saint, encore! L'Esprit saint, toujours!

La mondialisation spirituelle

Pensons à la mondialisation. Elle n'a pas que des répercussions économiques. Nous voici en mesure de participer à la richesse spirituelle de l'humanité, plus spécialement à ses sources orientales. *Lux ex oriente*! La lumière vient de l'Orient! La majorité de nos premiers écrits sacrés ne viennent-ils pas du même Orient? Il n'est pas indifférent que nous aimions lire Gibran, Tagore; que nous nous souvenions de la lutte pacificatrice de Gandhi et de l'action caritative de mère Teresa et de ses filles. Le bouddhisme envahit nos réflexes. Des livres circulent. Des gourous viennent. La sagesse orientale nous passionne, et il nous arrive de préférer depuis quelque temps le symbole au raisonnement, l'intuition au discours théorique, et la suggestion à l'argument légal. Grâce à l'éclatement des frontières culturelles provoqué par le pouvoir médiatique, nous retrouvons sur notre route les grandes religions monothéistes avec leur affirmation du Dieu unique comme la foi cosmique des Amérindiens. Que de richesse! Or, tout cela ne nous empêche pas — bien au contraire — d'invoquer notre Dieu, Un et Trois, grâce au Christ Jésus qui nous invite sans cesse à une expérience personnelle du Père et de l'Esprit.

Un rôle prophétique

Notons que notre Église se met au service de la paix et de la justice mondiales. Bien sûr, l'opinion publique, toujours à la remorque de l'actualité, ne lui est guère favorable. Peu importe! L'essentiel est que nos communautés chrétiennes se préoccupent des autres, des pauvres, des victimes de la guerre, des immigrants, par exemple, et qu'elles le fassent au nom d'un rêve évangélique, à savoir que l'univers des nations devienne une immense famille de frères et de sœurs. Rêve d'Église! Rêve de Dieu! De ce point de vue, l'action actuelle de Jean-Paul II est assez unique dans l'histoire religieuse du monde. Son rôle, celui de l'Église, est essentiel. Prophétique, en plus.

Au Québec, la pratique a peut-être cessé, mais la charité, elle, a continué. Essentiel amour! Premier commandement! Que vaudraient la pratique et le culte sans lui? Au pays de Maria Chapdelaine, la charité collective, représentée autrefois par les corvées, ne s'est jamais éteinte, ainsi que tout ce qui tourne autour de la religion du cœur.

Même si...

Même si la crise religieuse en ce pays est plutôt violente, même si la nuit est trop évidente aux yeux de plusieurs d'entre nous, brillent néanmoins, ici et là, quelques étoiles qui nous font espérer une nouvelle aube. Nous nous réjouissons en particulier de tout ce qui s'appelle, même dans les milieux les plus distants, recherche de vérité, goût du partage, sens du sacré et communion d'esprit. Revient à notre mémoire une lettre de Paul à ses Philippiens, dans les années 50 de notre ère, cité par le dernier concile : «Au reste, tout ce qu'il y a de vrai, tout ce qui est noble, juste, pur, digne d'être aimé, d'être honoré, ce qui s'appelle vertu, ce qui mérite l'éloge, tout cela, portez-le à votre actif. » Heureuse ouverture d'esprit qui nous permet de vivre en communion avec l'univers spirituel de notre temps !

« Je serai avec vous... »

Celui qui nous invite à tirer sans cesse du trésor de notre mémoire collective et du vieux et du neuf, demeure l'étoile la plus rassurante qui soit ; il est le plus grand rassembleur spirituel de tous les temps. Il l'avait dit, il l'avait promis : «Allez, enseignez toutes les nations... Je serai avec vous tous les jours... »

RENDEZ-VOUS POUR L'ÂME
20-02-2015

Père Benoît Lacroix, O.P.

Le chemin

Mais on a un chemin à suivre.
Aller rejoindre ceux qui nous écoutent
Aller où on doit aller et rencontrer les gens.

Le chemin de la vie
Le chemin le plus long à vivre.
Trop pressé d'arriver avant de partir
Relié à des horaires
On a peur d'inventer des chemins.

J'ai des souvenirs nostalgiques reliés à la campagne
Chemin désert près du bois
Un événement beau à vivre.
Mon père disait : on va ouvrir le chemin en premier
Inventer son chemin
Battre son chemin avant de le trouver
Ces événements sont significatifs.
Si un chemin n'est pas ouvert
Si on ne sait pas où on va c'est pénible

On n'ouvre pas le chemin seulement pour soi
On l'ouvre pour tous ceux et celles qui vont le prendre.

Le fleuve : un chemin qui marche et qui s'écoule.

Jésus dit : « Suivez-moi, je suis le chemin »
Faire du chemin
Le rendre agréable, possible
La route me précède
Vous qui allez travailler vous le savez
Le matin, la vie nous attend
  le chemin nous attend
  le temps nous attend
Le chemin c'est quelque chose de vivant
Chemin de montagne appelle courage et effort
Découverte d'un chemin qu'on n'a jamais inventé.

Chacun nous avons une route
Dans l'existence il y a un chemin de tracé
Mais chacun doit marcher
Lieu de liberté
Lieu de surprise
Lieu d'amitié.

La route, le quotidien m'appartient
Je sais où je veux aller, la direction que je dois prendre.
Qui va marcher ? C'est moi.

J'ai toujours été attiré par une route déjà ouverte
Si on choisit de devenir prêtre, médecin, époux, épouse,

Ce n'est pas la route, c'est la direction.
Prenez votre temps
Regardez le tracé des routes
Il y a des cailloux sur notre chemin
Nous avons à inventer notre vie

Choisir un chemin qui semble nous convenir
La ligne droite n'est pas la plus populaire.
Chemin, lieu de liberté.

Le chemin comme le temps est une réalité ouverte à l'avenir.

Si on a une mauvaise nouvelle : cancer, échec
La route du cancer, il y a des gens réalistes qui savent que
c'est la leur
Ce n'est pas en pleurant qu'on change la route.
La route de la maladie est difficile.

Actes de courage, d'attente
Des amitiés où la route est difficile.
L'avenir est là il nous attend
On ne peut pas l'éviter
Il est au bout de mon présent
Annexé à mon passé.
S'habituer à réinventer son chemin
Quotidiennement j'avance sur le chemin du bonheur
Bonheur jamais parfait
Malheur jamais définitif
Bonheur auquel on doit se soumettre.
Il y a bonheur partout
Il y a peine partout
La vieillesse est un risque
Au bout de la vieillesse, une échéance inévitable
Tunnel de la fin de ma vie
Si j'entre dans le chemin.
J'ai appris à corriger mes erreurs
Nous sommes plus forts
Nous sommes meilleurs que le découragement, que l'échec
La route est en avant, pas en arrière
Le pire est en arrière.
Courage — Amitié — Espoir

Prière sur l'univers

Immensité devant qui je m'extasie
et pour qui je ne désire que le meilleur
en cette vie et en l'autre!

Infini espace dans lequel ma vie se perdrait
s'il n'y avait pas déjà lui!

Lui, la Pensée Première,
Lui, l'Idée innovatrice de toute énergie
à jamais et pour toujours.

De ce Tout, Jésus est à la fois partie prenante et architecte.

Il l'aime tellement cet univers qu'il s'y incorpore.
«Regardez les oiseaux du ciel… et les lis des champs…»

Et pourtant il me le dit: l'homme, la femme, l'enfant,
ils sont plus grands que l'univers… (Mt 6,26-30)
car justement ils peuvent
chacun, chacune à leur manière
le regarder, le contempler,
prier à même ses saisons et ses rites.

À quoi bon, en un sens, gagner l'univers,
en faire mon profit,
si je ne sais plus l'aimer… (Lc 9,25)
en faire mon ami et y oublier mon âme?

Et LUI, proclame Jésus au cœur du monde,
IL est encore plus qu'un Créateur d'univers,
plus que l'Architecte du grand Tout:
IL est votre frère, votre mère,
votre père,
un ami,

Il est PÈRE de tout ce qui est,
de ce que vous êtes,
Père de chacun, chacune.

Seul Dieu, Seul Père... Prions :

« Notre Père qui es aux cieux... »
Benoît Lacroix, O.P.

PARTIE III

Coups de cœur

HIRONDELLES DES GRANGES

Elles arrivent en mai, chaque année.

Joyeusement attendues, elles font cent fois le tour des bâtiments. Question de trouver l'angle favorable au nid.

Sous une poutre ou au coin d'un mur.

En altitude toujours.

Chaque brindille en son temps et en son site, à gauche, à droite, au nord, au sud…

Quelle discipline !

Puis elles pondent, puis elles enfantent. Rien n'est plus émouvant que ces premiers battements d'ailes des petites hirondelles juste avant la première envolée…

Tant de sagesse !
Tant de finesse !

DEUX GOÉLANDS

Devisant entre nuages et bouées de vent, deux goélands qui migraient du Sud vers Chicoutimi discutaient de nids et d'abats.

— Où t'en vas-tu?

— Mon pays, c'est Péribonka.

— Et toi?

— Ne sais pas, j'irai là où ira mon cœur…

À chacun son pays.

UN PRUNIER, UN PEUPLIER

Un prunier, un peuplier. Ils sont nés le même jour et presque à la même heure.

Élégant, droit comme un chêne, le peuplier se moque du prunier :

« Tu es si petit ! »

Jusqu'au jour où, laissant le prunier à ses fleurs, de vingt coups de hache un bûcheron envoie notre peuplier au paradis.

« Ça t'apprendra… »

DEUX RENARDS

L'un faisant patte de velours comme pour renifler quelque lièvre à déjeuner, et l'autre patte d'ours, question de vérifier l'air du matin, deux jeunes renards couraient ensemble de Maska au Rocher sur une neige vierge de la veille.

Survint le chasseur qui vite dépista le trop gourmand et renvoya son jeune frère à la renardière.

«Vous ne savez ni le jour ni l'heure…»

RENCONTRE D'UNE JEUNE MOUETTE

Égarée entre deux îlots de brume, près de la pointe Samson, ne trouvant ni mât ni clocher où se reposer, ni rien à piqueter ou à manger, une toute jeune mouette de L'Isle-aux-Coudres alla se plaindre au vieux Mercier qui, à soixante pieds près, pêchait à l'anguille.

— Moi, lui dit la mouette, je suis toujours à regarder passer le dernier ferry-boat ou encore la goélette qui ne vient pas. C'est ennuyeux, ennuyeux, ma vie! Toi, au moins, tu as TA maison…

Un peu surpris d'entendre parler si correctement et sans râler une mouette, Mercier leva la tête et, la regardant amoureusement, lui dit:

— Petite amie si belle, si blanche, si libre, pourquoi te plains-tu? Tu as le fleuve, l'océan, l'île, la montagne…

Heureuse d'avoir compris, la mouette repartit en se répétant sagement comme un enfant qui a bien appris sa leçon:

chacun sa maison,
chacun sa vie,
chacun son pain.

LA GRENOUILLE OU LE MOINE QUI QUITTE SON MONASTÈRE...

À tout petits pas rapides comme sauterelle sur pied de trèfle, une grenouille éprise d'un besoin fou de liberté quitta d'un saut la rame de son gîte pour un peu d'air frais. Elle se disait en se moquant :

— Le champ, c'est pour les crapauds. L'étang à Boyer, ici, on s'y ennuie à mort à grenouiller d'une plage à l'autre. Il me faut aller ailleurs, là où ça tourne et contourne.

Ainsi quittant sa rivière Boyer, elle gambada jusqu'à Maska pour finalement arriver à la rivière du Sault. Elle était déjà toute pimpante, valsante d'air pur et de douce rosée, quand une tempête de grêle la surprit. Seule et sans étang, il lui fallut bien attendre une bonne heure avant de devoir repartir et reprendre la longue route qui descend du Sault à Boyer.

Forcément épuisée ici et là sautillant, elle se dit et se répéta à souhait :

Rien ne remplace son étang.

L'HIRONDELLE...
ET L'ANGUILLE

Une hirondelle du quai Saint-Michel et une anguille de Saint-Vallier faisaient route ensemble : l'une à fleur d'eau, l'autre suivant la trame du courant. Elles causaient, comme il se doit, d'herbes et de brindilles, l'hirondelle parlant déjà de partir à cause de l'automne, et l'anguille rêvant de plongées sous-marines.

Tout à coup au loin : Bing ! Bang !

Aussitôt disparut l'hirondelle dans la brume ; l'anguille, elle, plongea dans la mer.

On ne les a jamais revues.

Mais je me suis laissé dire qu'elles se sont rencontrées l'été suivant à la même heure du même jour pour célébrer, près des cavées cette fois, l'an premier de leur liberté... et aussi la mort du chasseur décédé dans l'année.

Vive la liberté !

AH! LES DOUX

Ce siècle, le mien — je suis né en 1915 —, est violent. On n'ose pas résumer : deux grandes guerres, la Shoah, deux villes du Japon détruites par la bombe atomique, le Rwanda, d'autres guerres, des meurtres en série. Ça pourrait recommencer, c'est recommencé.

C'est à se demander s'il n'en a pas toujours été ainsi.

J'ouvre la Bible, je lis le Coran. Peut-être la violence est-elle inévitable, d'où l'existence de proverbes sur les dangers de la douceur :

> *Qui se fait brebis, le loup le mange!*
> *Qui s'excuse s'accuse!*
> *Trop sagement gouverner devient faiblesse et faux*
>   *larmoiement...*
> *Qui ne se défend pas risque de devenir, du moins en affaires,*
>   *bouc émissaire...*
> *Loi de la jungle!*

Attention aux loups.... tout près. *Homo homini lupus.* Le mot est de Plaute et souvent traduit ainsi : « L'homme est un loup pour l'homme. »

Or, cela je l'écris en hommage à mon père qui, croyez-le ou non, ne m'a jamais grondé. Avait-il reçu le don de la douceur ? Ma mère, elle, si je me souviens bien, n'a eu envers moi, plutôt turbulent, que de saintes colères et des colères souvent fictives.

Oui ! Oui ! *Bienheureux les doux.*

LE VIOLON DE L'ONCLE ALPHONSE

Il faut tout de suite vous dire que l'oncle Alphonse — 70 ans et plus — est un des grands violoneux de son temps. Lui, il ne fait pas que provoquer son violon : il le diabolise. Ses grosses mains habituées à la coupe du bois prennent tout à coup des formes d'ailes de goéland. Ses doigts sur l'archet font comme des papillons volants, ils n'en finissent pas de « zigailler »… Ça tient de la magie. Tout son cœur y passe. Sa joie aussi.

Il est bien connu que, sans Alphonse Lemieux et son violon, nos veillées d'hiver n'auraient jamais été ce qu'elles furent : des fêtes, des prétextes à danser, à rire, à chanter, à tourner rond-carré-rond, toujours selon les indications du « câleur ». Deux, trois notes, ce sont les sauteries, danses carrées, danses en ligne.

Il en faut si peu pour être heureux… quand le violon de l'oncle Alphonse s'en mêle.

C'était dans les années 1930.

SI JE DIS DIEU

Dieu : un mot ?... Un mot qui n'en est pas un. Tel le mot *amour* qui ne dira jamais tout le mystère qu'il énonce en se disant.

Ce Dieu impossible à nommer est, je le sais, l'Architecte premier de cet univers lui aussi plus grand que nos mots. Oui, Il s'est expliqué, s'est laissé raconter par des prophètes et des écrivains inspirés : d'où nos saintes Écritures, cadeau d'une grande noblesse en même temps que d'un réalisme historique à toute épreuve.

Mieux encore, et ça dépasse l'entendement humain : en Jésus et par Jésus, le divin Architecte s'est incorporé à nous jusqu'à partager, en plus de notre vie et de notre mort, une possible survie...

Depuis que Jésus est venu, et à sa suggestion, je puis parler de Dieu et je puis tout autant Lui parler, L'invoquer. Il me désire, Il se dit même tour à tour père, mère, époux, ami.

Comme l'a bien résumé Jean l'évangéliste, au tout début de notre ère : *Dieu* est *amour*.

D'où ma prière préférée, psaume 42 :

Comme languit une biche
Après l'eau vive,
Ainsi mon âme languit
Vers toi, mon Dieu.
Mon âme a soif de Dieu,
Du Dieu de vie :
Quand irai-je voir la face de Dieu ?

Ainsi soit-il !

C'ÉTAIT AVANT
OU APRÈS LE BIG BANG

Parmi les citations les plus chères à ma mémoire et les mots les plus beaux jamais entendus, il en est un, ou deux, ou trois, qui aujourd'hui encore me font rêver, rêver d'un espace qui envelopperait tout, tout, tous les amours du monde :

Toutes choses
Proches ou lointaines
Secrètement
Sont reliées les unes aux autres
Et vous ne pouvez toucher une fleur
Sans déranger une étoile.

Lus, relus ces mots me ramènent chaque fois à ma première enfance : le soleil, la lune, les nuages, les étoiles, la rivière Boyer tout près, « toutes choses » ne faisaient qu'un pour nous. Ce tout quotidien nous était si familier que nous nous rendions à peine compte qu'il en serait ainsi chaque jour, chaque nuit, à jamais.

Elle, la Terre, notre Terre, est toujours là. Encore aujourd'hui elle nous aime, nous en sommes certains, et c'est le bonheur au jour le jour.

Quant à nous demander si l'univers est autonome, s'il fonctionne seul ou s'il a été créé tout d'un coup ou par étapes, mes frères et sœurs, mes parents et moi sommes bien loin de nous poser ces savantes questions… Nous passons davantage notre temps à observer la nature, quitte à lui envoyer des clins d'œil à l'occasion, à l'aimer et à la faire aimer, proche ou lointaine.

CHER MIROIR !

Cette surface glacée qui aussitôt en action réfléchit ce que je lui propose n'en finira jamais de me mystifier. Tout miroir laisse en effet deviner à qui le fixe autre et davantage que ce qu'il dicte. C'est ainsi que mon miroir ne réussira jamais par lui-même à dévoiler les pensées qui me préoccupent, au moment exact où je m'impose à son regard.

Le miroir obéit à une fonction première : identifier, provoquer peut-être des pensées, voire des actes individuels, sans pour autant les accomplir. Reflet plus que réflexion, le miroir tour à tour, à sa façon, accuse... ou excuse.

Qui dit miroir dit *speculum* en latin. Le mot fait fortune au Moyen Âge. *Speculum doctrinale*, *Speculum historiale*, *Speculum naturale* et plus tard *Speculum morale* : des centaines et des centaines de pages d'une écriture serrée attribuées à Vincent de Beauvais (†1264) dont le but est de refléter une accumulation de connaissances, sans toutefois être exhaustive. Ici aussi, par ailleurs, le miroir ne fait que miroiter passivement le savoir d'une époque sans pour autant le raconter.

Il demeure que, acte thérapeutique fortement recommandé, si tu souris à ton miroir — Sourire est fenêtre du cœur! —, il te rendra la pareille. Peut-être est-ce la raison de son immense popularité?

CHAQUE JOUR, UN AUTRE JOUR

En compagnie de la secrète Anne Hébert, saluons ensemble, au jour le jour, ce temps qui nous est offert : « Ô ! spacieux loisir / Fontaine intacte / devant moi déroulée… sur l'eau égale / s'étend / la surface plane / à perte de vue / … D'une eau inconnue. »

Je me réveille, je m'étire, je me lève, je prie.

Chaque jour, un autre jour.

Chaque jour, un cadeau : cadeau de la vie, cadeau de la lumière, cadeau de mon pays, cadeau de mes amours…

Chaque jour, une éternité à dérouler.

À LA CHANDELLE

Il y a déjà dans la chandelle une discrétion, une politesse, pour ne pas dire une tendresse. Le soleil s'impose, mais pas la chandelle…

À ce propos, connais-tu ce joli récit emprunté à la tradition bouddhiste?

Un jour, conciliabule chez les papillons. Ils y sont par centaines, pour savoir de tous les résidents qui est plus fidèle à l'esprit de Bouddha. Le plus parfait papillon serait celui qui cette nuit côtoierait au plus près la chandelle allumée. Bref, plus tu t'approches de la flamme, plus tu es parfait.

Un après l'autre, selon l'âge, chaque papillon s'essaie.
Peine perdue… jusqu'à ce que le plus jeune de la papillonneraie s'approche, s'approche si près de la chandelle que soudainement la flamme et lui ne font qu'un. Long silence. Concluant la cérémonie, le plus âgé dit: «Lui seul, le petit, aura tout compris…»

«Qui perd sa vie, la gagne… Qui donne sa vie la retrouvera…», disait aussi Jésus à des amis réunis sur la montagne.

À GENOUX, LES ENFANTS
[Le chapelet de ma mère]

Sept heures du soir. « Les enfants, à genoux ! »

Autour de la table de la cuisine, en face d'une image plutôt vieillie du Sacré-Cœur, nous nous sommes agenouillés. C'est le chapelet en famille.

Avant chaque dizaine, un court énoncé, un « mystère » selon les jours, joyeux, douloureux ou glorieux, d'après la vie de Jésus ou de sa mère... Puis commence la récitation monotone de dix *Je vous salue Marie*.

Papa s'est endormi au troisième *Je vous salue Marie...* Le chapelet continue. Les distractions ne manquent pas.

Chaque soir le même rituel.

Cette popularité du chapelet en famille jusqu'au milieu du siècle dernier, tient à la fois de sa forme orale et de sa composante sociale. Toute une famille ensemble qui prie ! Prière partagée. Peut-être s'agirait-il tout simplement d'une imitation approximative, sinon d'une adaptation inconsciente, du chapelet musulman avec ses 99 grains à énoncer les noms de Dieu.

Quoi qu'il en soit, ma mère si dévote trouve dans cette récitation du chapelet une pratique qui supplante souvent la messe paroissiale du dimanche à laquelle, trop souvent alitée, elle ne peut guère assister. «Avec le chapelet, je comprends tout… Moi, avec Marie, je voudrais terminer ma vie: Sainte Marie, Mère de Dieu… priez pour nous… et à l'heure de notre mort…»

Mourante le matin du 16 janvier 1951, Rose-Anna Blais tient encore dans sa main le chapelet que sa mère Philomène Pilote lui avait offert avant de défuntiser le 21 septembre 1914.

Fidélité: joyau de société!

UNE LECTURE PRÉFÉRÉE

Des heures et des heures, j'en ai passé à la Bibliothèque nationale de France (Paris) à contempler, à lire des manuscrits enluminés des premiers siècles de la chrétienté. Des livres et des livres, j'en ai lu depuis.

Aujourd'hui, je compare. Non! Rien ne remplacera ma lecture des Évangiles. Saveur orale, souvenirs d'amis proches et compagnons de route. Bien sûr, l'évangéliste Jean a de quoi séduire les plus mystiques d'entre nous, mais les autres évangélistes, à leur manière, nous enseignent tout autant l'amour, l'amitié, le pardon, la vie, la survie.

Il faut dire que le héros de ces pages fraternelles, c'est le héros de l'amour inconditionnel, d'une sincérité à toute épreuve, qui va jusqu'au bout de ses options. Oui, depuis que ce Jésus est venu, la lecture des Évangiles est devenue pour plusieurs d'entre nous comme une source d'eau fraîche qui appelle le fleuve, le fleuve qui appelle l'Océan, l'Océan qui permet de naviguer sur une mer d'amour sans rivage.

«LAISSEZ VENIR À MOI LES PETITS ENFANTS, NE LES EMPÊCHEZ PAS...»

Au jardin du Luxembourg à Paris, comme dans les jardins de Tokyo, il y a ici et là des lacs improvisés bien enlacés dans des paysages soigneusement découpés. Souvent les enfants viennent y jouer. À Paris pour y faire circuler des bateaux miniatures qu'ils tiennent au bout d'une longue ficelle, s'imaginant à l'occasion pilotes de navires de guerre. À Tokyo, les enfants que j'ai observés pratiquent plutôt le dessin, ils tracent avec lenteur et grande piété des lignes en vols d'oiseaux et en fleurs de cerisiers.

Non, je n'irai pas jusqu'à comparer. Assumer les différences vaut souvent mieux que disséquer les ressemblances.

Il demeure que la spontanéité des enfants de Paris et leur langage si correct m'impressionnent encore. Tout autant, j'admire à distance le recueillement des petits de Tokyo...

En l'occurrence, ils sont tous maîtres ès émerveillement...

«Laissez venir à moi les petits enfants, ne les empêchez pas!»

À PROPOS DU *BOLÉRO*...

Comment expliquer que j'ai pour le *Boléro* de Maurice Ravel une sorte d'amour de style obsessionnel? J'adore chaque note de cette musique, jusqu'à son éclatant crescendo final. Oh! je sais que je ne suis ni le premier ni le dernier à vivre ce genre d'émotions superposées.

Le *Boléro* m'a introduit dans l'univers de la répétition de nos mots d'amour les plus chers. Les vrais amours grandissent ainsi à mesure qu'ils se redisent dans leur vérité. Cette accumulation des sons du *Boléro* fait que tout devient plus vrai à mesure que s'affirme la mélodie initiale.

Et l'amour... qui ne passe pas se chante ainsi en crescendo. Activité croissante des souvenirs. Éclatement d'un besoin de présence! Rien de plus pédagogique que de redire un mot d'amour déjà entendu... et aussitôt, sans transition, de le redire en crescendo pour se retrouver en état suprême d'amitié.

Je dirais encore que la structure du *Boléro* me rappelle les nombreuses amitiés vécues pendant ma longue existence. D'un regard, d'un mot entendu, d'une lettre reçue est né un sentiment amoureux qui se répète. Il se recrée, se précise jusqu'à l'aveu. La mémoire, *ce couloir du cœur*, a agi. Le sentiment croît à mesure que le souvenir s'impose. Viennent les rencontres, les gestes et l'amitié qui grandit et grandit. Il arrive que certains mots entendus il y a dix ans résonnent encore en moi, tout comme le *Boléro*.

Merci, cher Ravel!

LA « PASTORALE »

J'ai toujours aimé la « Pastorale », surtout depuis que je l'ai entendue pour la première fois au collège, à La Pocatière. Quand aujourd'hui je me demande quelle est la raison première de cette préférence, je crois l'identifier. Et ça remonte à longtemps avant le collège.

Nous étions à faire les foins sur le 3ᵉ Rang, à la ferme des parents. Tout à coup, l'orage. Nous sommes loin, il faut à tout prix revenir immédiatement à la maison. Le tonnerre, des éclairs zigzaguent en tous sens. La grêle, la pluie, le vent.

J'ai 10 ans. J'ai peur. Tout le monde a peur.

Le retour est pénible. Nous sommes tous trempés. Mon frère ne cesse de claquer les cordeaux sur le dos du cheval. Vite! Vite!

Un bon trente minutes à courir d'inquiétude.

Aussitôt arrivés à la maison et les vêtements changés, c'est la joie, l'euphorie, la sécurité, les tartines… Ma mère court encore aux fenêtres qu'elle asperge d'eau bénite « au cas où le tonnerre tomberait sur les bâtiments ». Mieux vaut prévenir que guérir!

Dans la *Symphonie n⁰ 6*, dite la « Pastorale » de Beethoven, au troisième mouvement après le grondement du tonnerre et l'avertissement du cor, ce sont les flûtes qui ont le dernier mot. C'est beau, c'est beau ! Comme après l'orage, le dernier mot qui va à l'arc-en-ciel.

Chaque fois que j'écoute la « Pastorale » de Beethoven, je rentre à la maison…

« À LA CLAIRE FONTAINE… »

Cette ronde très célèbre, À *la claire fontaine*, suscite l'intérêt au point de devenir le chant national des patriotes de 1837. Il y a aussi que nous n'avons pas oublié nos premières heures en Amérique : Jacques Cartier, Champlain, Maisonneuve, Marguerite Bourgeoys et tant d'autres, ils sont tous venus ici par l'Atlantique, la mer, le fleuve… Aussi, chanter À *la claire fontaine*, *Il était un petit navire*, *Filez, filez ô mon navire* ou, plus récent et tout autant parlant, *Partons, la mer est belle!*, c'est chaque fois honorer un passé héroïque.

La vérité d'À *la claire fontaine*, chanson si vite apprise et depuis jamais oubliée, tient aussi à ce lien entre l'eau… si belle, et le cœur qui n'en finit pas de s'envoler au vent de l'amour. Et cette mélodie, si près de nos mélodies grégoriennes !

La joie, l'amour, la tendresse, la beauté, la nostalgie, tout ici est dit, chanté, dans des tons si simples que cela fait en sorte qu'« il y a longtemps que je t'aime… jamais je ne t'oublierai »…

AU SOLEIL LEVANT

Il y avait autrefois en mon pays de Bellechasse un proverbe capable d'énerver tous les oiseaux de nuit que je connais : « Coucher de poule / lever de corbeau / éloignent la foule d'aller en tombeau. » Traduction adaptée : « Dors le soir, lève-toi de bon matin, et tu iras loin ! » Le même adage, à l'envers : « Poule cacasseuse ce soir ne pondra pas demain matin ! »

Dois-je à mon passé rural mes préférences pour le *petit matin* ? À la maison, se lever tôt va de soi. C'est un peu la faute du coq qui coquerine avant même que le soleil s'en mêle !

Aujourd'hui encore, pour moi, chaque matin est comme une trouvaille, disons *une grâce*.

La lecture de ceux que j'appelle mes poètes du matin, Jacques Brault, Hélène Dorion, m'accompagne. Jacques y va allègrement et quotidiennement de ses *chemins perdus, chemins trouvés* : des recommencements, humbles et petits sentiers « au bruit du temps qui se ferme quand au point du jour naît l'ombre des choses ».

Plus jeune, Hélène Dorion célèbre les inévitables gestes qui s'infiltrent dans sa vie : « Enfermée dans la chambre noire de mon recueillement… Ah nous sommes vivants et le jour recommence à l'horizon… Ô mon amour! Fourbis l'éclair de ton cœur, nous nous battrons jusqu'à l'aube. »

Mais non! Mais non! Ils ne seront pas les premiers ni les derniers à proclamer les charmes du *petit matin*. Tant de proverbes existent déjà :

Russie : «Le matin est plus sage que le soir. »
Chine : «Qui se lève tôt trouve le pain à sa porte. »
L'Amérique : «La première heure du matin est le gouvernail de la journée. »

Ils ne sont donc pas si anormaux ces moines et moniales, ces artistes, ces écrivains, ces travailleurs qui, en grand nombre étonnamment, avouent leur préférence pour les pensées et les prières du matin. À l'abbaye Val Notre-Dame (Saint-Jean-de-Matha), le lever est à 3 h 45 et la prière dite «Vigiles» à 4 h. À les voir et à les entendre, ils ne sont pas malheureux. Ah, pas du tout! Ni à Saint-Benoît-du-Lac ni chez les cisterciens de Rougemont…

Moi-même, je me retrouve toujours amoureux de ces prières rituelles des matines et des laudes :

C'est toi que je prie, Seigneur.
Au matin Tu écoutes ma voix.
Au matin je me prépare pour Toi.
[…]
Devant Ton si grand amour j'entre dans Ta maison (Ps 5,4 et 8).

« MESSE SUR LE MONDE »

Non que pour autant j'abandonne l'étude de Thomas d'Aquin et d'Aristote, ils sont mes maîtres à jamais! Le père Teilhard de Chardin est d'un autre univers. Je le lis parce qu'il est tour à tour, à sa manière et selon moi, spirituel, savant, poète et admirable écrivain.

Ainsi, quand en 1973 la radio d'État, Radio-Canada, m'invite à créer avec deux partenaires « Messe sur le Monde », je suis comblé, d'autant plus que chaque émission commence par la lecture d'un texte de Teilhard de Chardin qui sera lu par un descendant amérindien.

Pour le plaisir jamais éteint de le relire ou de le réentendre :

> *Puisque, une fois encore, Seigneur, non plus dans les forêts de l'Aisne, mais dans les steppes d'Asie, je n'ai ni pain, ni vin, ni autel, je m'élèverai par-dessus les symboles jusqu'à la pure majesté du Réel, et je vous offrirai, moi votre prêtre, sur l'autel de la Terre entière, le travail et la peine du Monde.*
>
> *Le soleil vient d'illuminer, là-bas, la frange extrême du premier Orient. Une fois de plus, sous la nappe mouvante de ses feux, la surface vivante de la Terre s'éveille, frémit, et recommence son*

effrayant labeur. Je placerai sur ma patène, ô mon Dieu, la moisson attendue de ce nouvel effort.

Ce savant paléontologue vient me chercher là d'où je viens. Moi, fils d'habitant de la région Côte-du-Sud, j'ai longtemps été habité par des paysages grandioses : la forêt de Maska, le fleuve Saint-Laurent, les Laurentides, les Appalaches… Aussi quand je lis les propos du désormais célèbre Teilhard, j'éprouve une joie qui, à mon avis, ne peut être que divine tant elle me nourrit spirituellement… Ainsi agit aussi en moi la psalmodie de tant de psaumes cosmiques qui m'éveillent ou plutôt me réveillent au souvenir des premières pages de la Genèse.

Il y a de ces moments dans la vie et même de ces lieux où ciel et terre ne font plus qu'un !

LA DÉBÂCLE

Mars, début d'avril. Le fleuve dégèle. Des blocs de glace ici et là qui se bousculent et s'affrontent, et des bruits étranges difficiles à entendre.

Au premier signe de dégagement... la famille descend au village.

Nous voici tous assis près du quai, à observer, à écouter la débâcle.

Les plus petits, nous avons peur : si au lieu de se diriger vers Montmagny, une de ces masses de glace se tournait contre nous. Mais non ! Mais non ! Le fleuve, malgré les bruits, les vents et les tempêtes, s'en va à la mer.

De retour à la maison, papa profite de l'occasion pour nous instruire à sa façon : « Les enfants ! Faut pas avoir peur des glaciers... Le fleuve est plus fort... parce qu'il sait où il va... Dans la vie, faut savoir où aller... »

Il m'arrive encore aujourd'hui à Montréal, chemin de la Côte-Sainte-Catherine, d'entendre le bruit de la débâcle... quand passent et repassent les camions ! Quel vacarme !

Mais papa l'a dit : la vie – qui ne fait pas de bruit – sait où elle va.

Les camions s'en vont, la vie s'en vient.

J'ai confiance.

MON PETIT ÂNE
DE SARAJEVO

Dans les années 1980, je profite d'un séjour en Europe pour répondre à une invitation des parents de ma collègue et amie, la professeure Dujka Smoje (née à Sarajevo), pour me rendre en Yougoslavie.

Au tournant d'une route de rudes paysages et de fiers rochers apparaît tout à coup, immobile et ne semblant nous regarder que pour nous aimer, un petit âne, un tout petit âne, depuis ce temps nommé «mon petit âne de Sarajevo».

Admirateur inconditionnel des petits poulains de mon pays de Bellechasse, que je n'ai pas revus depuis cinquante ans, me voici devant un «petit âne». Tout doux à voir. Il a des yeux d'enfant égaré. Je le flatte, je le dorlote, je lui parle, on dirait qu'il me comprend. Toujours le même visage résigné.

Il m'aime? Je le crois vraiment…

Je l'aime.

Pourtant dans les livres que j'ai lus, l'âne est renommé pour son ignorance, pour ses entêtements, pour sa paresse, son laisser-aller… «Faux! Faux!» que je me dis à mesure que je lis. Peut-être est-ce lui, le petit âne de Sarajevo, qui a porté Jésus à travers Jérusalem le jour des Rameaux?…

Le joli quatrain de Francis Jammes, je le sais par cœur :

*J'aime l'âne si doux
marchant le long des houx.
Il prend garde aux abeilles
et bouche ses oreilles.*

Tout ce que l'amitié peut inventer pour avoir raison !

LA SAGESSE EN ROUTE...

Comme pour corriger à tout prix certaines réalités plus tristes de l'histoire de l'humanité, il m'arrive souvent de me rappeler ces héros de mon siècle : Gandhi, Dag Hammarskjöld, Martin Luther King, Jean XXIII, Nelson Mandela, Jean Vanier..., mon père, puis ma mère...

En leur souvenir, je mémorise certaines paroles de sagesse du siècle :

Douceur abat grande colère.
Tendre mot annule grand cri...
Bonne parole vaut mieux qu'eau froide.
Il y a plus de bonheur à donner qu'à recevoir.

BIEN-AIMÉES MONTAGNES!

Il y a les Appalaches tout près du domaine familial.

Chaque dimanche au village, voici les Laurentides et le mont Sainte-Anne. Grandiose! De 1927 à 1936, je suis pensionnaire à La Pocatière, neuf ans à admirer les Laurentides, et de très près la montagne du collège. Celle-ci n'est pas très haute, mais si accessible… surtout en hiver pour nos randonnées en raquettes.

Bien-aimées montagnes!

Voici que depuis plus de cinquante ans, j'habite Montréal. Chaque jour à ma fenêtre… toujours aussi visible, cette fidèle montagne royalement nommée mont Royal.

De fait, les montagnes nous invitent à voir haut, large, grand. En l'instant d'un regard, ne sommes-nous pas au-dessus de tout?
    Y chantent, dit-on, les anges musiciens.

Ça me rappelle tout à coup que Jésus, mon gourou préféré, est souvent allé prier à la montagne, qu'Il y a proclamé ses célèbres Béatitudes et qu'Il meurt au mont Golgotha.

PROPOS OCÉANIQUES

Neuf siècles avant notre ère, dans *L'Odyssée* (8,138), Homère écrit : « Il n'est rien de plus terrifiant que la mer pour dompter l'être humain. »

Voici la mer, l'océan, je les ai apprivoisés à force de les fréquenter
Immensité.
Éclatement des frontières.
L'infini à la portée de mes yeux.
Je prie,
Je contemple,
Je fais oraison.
Il n'est plus nécessaire de raisonner. La mer me porte, me parle, elle m'aime.
Si elle m'aime, tout est parfait !

P.-S. Expliquez-moi pourquoi petit, donc il y a longtemps, j'ai cru que la forêt de Maska au bout de la terre familiale était seule, immense et infinie à cause de ses épinettes démesurées, de ses érables qui rougissent à l'automne et de tous ces arbres qui passent l'année à ne rien dire, à ne rien faire ! Chaque âge a ses perspectives ? Sans doute.

LA MÉMOIRE DE GISELLE

Mon père avait une mémoire telle qu'il nous défilait l'un à la suite de l'autre des noms, des faits, jusqu'à remonter à la Nouvelle-France. Il savait aussi bien des chansons, des contes, des cantiques même en latin. Tout par cœur! Par cœur!

Au cours de mon existence, j'ai connu des mémoires pareilles à celle des gens de Bellechasse : l'écrivaine-éditrice Giselle Huot sait de mémoire des centaines de textes de Lionel Groulx et d'Hector de Saint-Denys Garneau. De mémoire encore des faits, des dates de l'Antiquité, du Moyen Âge surtout.

Offrez-lui un texte manuscrit à éditer, aussitôt sa mémoire se met en marche, elle lit, elle enregistre, ne ménage aucun détail. Un nom, une date, une variante. Sa mémoire est d'une vérité telle que toute personne qui, par exemple, veut en savoir davantage sur Saint-Denys Garneau, se doit d'interroger en tout premier lieu madame Giselle Huot, être de grande générosité de cœur, d'esprit et de mémoire.

Oh! Mémoire!

Mère des Muses
Sentinelle de l'esprit
Trésor de l'humanité.

ATTENDRE... LE TEMPS

Un proverbe arabe veut que l'attente soit plus dure à supporter que le feu.

L'on dit aussi que l'attente est aux grands amours ce que le grain mis en terre est au fruit. Viennent peu à peu, et avec le temps, la tige, la fleur et... le fruit.
   Il en faut du temps pour s'apprivoiser,
   du temps pour se connaître,
   du temps pour s'aimer.

Rien ne se fait sans le temps : ni printemps ni fleur.

L'impatience ne mène nulle part.

Savoir attendre !
   Savoir attendre le temps !
   Savoir attendre le temps d'attendre !

Le temps est « une lime qui travaille sans bruit ».

J'AIME, J'AIME LA NEIGE !

Oh je sais, je sais aussi tout ce que les gens racontent : la neige aveugle les yeux, la neige barre les routes, la neige appelle le froid. Et quoi encore !

J'ai une autre opinion.

Au fait, mon amour de la neige vient de mon enfance, alors que la première neige à elle seule prédit les raquettes, les patins, les boules guerrières, les fortifications, tous les jeux d'hiver. Et à la maison, ce sont les fêtes en famille, les longues veillées à partager parleries et turluteries, à se raconter des histoires, des faits, des « menteries ».

Enfant ou pas, qui n'aime pas encore aujourd'hui ces premières neiges qui, sans vent ni bruit, prennent leur temps pour habiller tout en blanc le pays qui les attend ?

Cette belle neige de mars qui se laisse illuminer par le retour du soleil pour une lumière vive au moment où le printemps appareille !

Encore maintenant, quand survient une « belle bordée » de neige, j'aime reprendre à mon compte les beaux mots de la psalmodie judéo-chrétienne : « Mais tu aimes la vérité au fond

de l'être / Instruis-moi des profondeurs de la sagesse / [...]
Lave-moi, je serai plus blanc que neige. »

Ô douce et divine Miséricorde déjà enneigée de tant d'amour
qu'il ne me reste plus qu'à m'extasier.

Ou encore, prions à la manière de François d'Assise :
   Neige bonne et douce comme soie.
   Neige en flocons, neige en papillons
   tu es tendre et belle à voir.
   Bénie sois-tu !

J'aime la neige, et elle m'aime !...

LA CHAISE DE GRAND-MÈRE BÉLANGER

Dans la cuisine, toujours au même endroit, à deux pas du poêle, depuis au moins deux générations trône majestueusement la chaise de Grand-Mère.

Fabriquée dans les années 1880 et toute en bois d'érable, la berceuse ou la berçante se nommait entre nous, en raison de l'air qu'elle déplace lors du bercement, le «chasse-mouches»...

Cette chaise aurait, à ce qu'on a dit, accueilli en ses bras tous les enfants de la famille Lacroix depuis trois générations.

À écouter encore les dires de tout un chacun, la berceuse aurait entendu toutes les histoires importantes de la parenté... et d'autres aussi, qu'on ne devrait pas savoir.

Quand le 28 janvier 1929 à neuf heures trente-deux du matin, les bras de la chaise se sont arrêtés, la famille s'est mise à genoux et a récité un *Je vous salue Marie* «pour le repos de l'âme de Grand-Mère Bélanger»...

P.-S. Deux mois après, la berceuse fut remplacée par un beau sofa en velours rouge:
«Y vont vite manquer d'air, qu'ont dit les gens de la place, un sofa, ça berce pas... ça endort.»

UNE BIEN VIEILLE
MADAME THÉBERGE

Elle va dépasser grand-mère Bolduc qui, elle, aura bientôt cent ans. Pourtant, madame Marguerite Théberge en a connu des épreuves : mari décédé, perte d'emploi, fille aînée qui a mal tourné, garçon paresseux…

Et voici maintenant que la même madame Marguerite se brise une épaule en chutant de son lit.

Et elle souffre.

Mais elle trouve le temps d'être heureuse malgré tout, c'est-à-dire « de rendre des petits services de rien ».

Joie intérieure. Joie spirituelle. Joie contagieuse.

Madame Théberge a tout pour ne jamais perdre sa joie : elle a un cœur grand comme l'océan.

CHERS COLLÈGUES
ET NÉANMOINS CHERS AMIS

Il m'est arrivé de fréquenter assidûment le monde universitaire. Professeurs officiellement compétents. Majorité d'étudiantes et d'étudiants talentueux. Ici et là, quelques parvenus qui d'ordinaire s'imposent davantage par la parole que par leurs actes. Un monde en soi. Un monde qui passe…

Je me demande, naïvement peut-être, qui aujourd'hui se souvient encore de ces confrères d'université à Montréal qui furent parmi les grands spécialistes d'Aristote et de Platon, tels Vianney Décarie ou le père G.-M. de Durand, lui aussi décédé, un des plus grands connaisseurs des pères grecs, savant éditeur en plus, encore ici et là cité, davantage ailleurs qu'au Canada.

Qui encore se souvient de Pierre Dansereau, biologiste, écologiste d'une grande renommée à l'époque? Et de l'humaniste Klibansky, un des meilleurs interprètes de Platon? D'autres, d'autres? J'ai cité de mémoire, mémoire partielle comme toute mémoire.

Il demeure que mes amours iront toujours à ces savants oubliés ainsi qu'à tous ces serviteurs secrets de la culture sous toutes ses formes, à tous ces chercheurs anonymes et surtout à ces aides de laboratoire jamais nommés, jamais décorés. J'ose aussi penser à ces milliers de gens de la maintenance, ouvriers oubliés, tout comme ces moines et ces moniales à travers le monde qui prient, qui prient.

Vraies Énergies créatrices qui permettent à l'humanité et encore plus à la science de faire autant de progrès!

SON DERNIER VOYAGE

La mort n'attend pas.

Comment se rendre à l'église quand, sur 5 milles, toutes les routes sont encombrées de bancs de neige? Même au village, le voyagement est un risque…

De fait, le jour de son inhumation le 20 janvier 1951, il y avait au Québec une tempête sans précédent: du vent, de la poudrerie, des bourrasques qui rendaient les chemins de rang quasi impossibles à pratiquer même pour des chevaux et des carrioles expérimentés.

Solution inespérée, on vient justement d'inventer le *snowmobile*, sorte de voiture sur skis et chenilles.

Nous voici en route: cinq adultes bien rangés à l'intérieur de la nouvelle embarcation… Il y a papa, il y a mon frère, il y a mes sœurs, un autre frère qui est aux études et il y a le cercueil: maman!

Tous enfermés pour plus de trente minutes, le temps de se rendre au village Saint-Michel. Le trajet est pénible. À la merci du vent et de la poudrerie, la motoneige improvise son chemin qui doit épouser des monticules de neige.

À l'intérieur, nous sommes forcément sans cesse confrontés, bousculés, nous frottant les uns aux autres selon les caprices du parcours. Seuls debout comme des piquets frontaliers, mon grand frère et mon père, qui tiennent au bout de leurs bras le cercueil dans lequel «repose» maman depuis deux jours.

Née le 10 juillet 1882 et décédée le 16 janvier 1951, Rose-Anna Blais, fille de village, avait toujours souffert à sa manière de vivre isolée «au bout du 3e Rang», à proximité de la forêt de Maska. Elle aurait aimé voyager, partir aux États-Unis comme son frère, aller visiter les siens. Travail, famille et distance l'en ont empêchée.

Le matin de son inhumation au village Saint-Michel, où nous étions chagrinés de la voir partir à 69 ans, il y avait eu de notre part comme un suprême orgueil de lui offrir pour son dernier voyage le luxe d'une nouvelle motoneige toute fraîche sortie des usines de Valcourt, Québec.

«Ce voyage-là, en a conclu papa, mènera ma Rose-Anna drette au paradis…»

L'ADIEU DES FINISSANTS !

Juin 1936.

104ᵉ cours. Après neuf années comme pensionnaire au collège Sainte-Anne-de-la-Pocatière, des adieux s'imposent. La cérémonie officielle se déroulera à la Salle académique. Tous les étudiants sont convoqués. Il y a de l'émotion dans l'air. Ces professeurs, sans l'avouer, nous auront beaucoup aidés, aimés, instruits et corrigés.

Monsieur le supérieur nous souhaite la bienvenue... il va même nous remercier d'être restés durant toutes ces années. Le discours d'adieu du président Paré, le même ou presque chaque année, est d'un autre style : « C'est la dernière fois que nous sommes ensemble... Nous ne nous reverrons peut-être pas... Mais sans vous, chers professeurs et maîtres, nous serons plus seuls... Vous nous avez tout donné... Nous vous avons peut-être fait souffrir avec nos mauvais coups. Nous vous en demandons pardon... Laissez-nous partir... Ne nous oubliez pas... » Et ainsi de suite.

Plus vrais, je dirais, plus émouvants sont les adieux entre nous tous, les étudiants, regroupés à la gare du départ. Nous, les finissants, nous sommes sur le quai avec les rhétoriciens qui nous interpellent. Par dizaines et dizaines aux fenêtres des wagons, les plus jeunes écoutent, nous saluent, nous envoient la main. C'est la joie, c'est l'euphorie. Vivent les vacances!

Pour nous du 104ᵉ cours, ce sont de vrais adieux. Avec nos mots épelés, échangés comme autrefois à la petite école quand nous apprenions à lire :

AMITIÉ!
SOUVENIR!
BON VOYAGE!
BONNES VACANCES!
ADIEU!
AU REVOIR!

Au signal «*All aboard!*», chacun court à son wagon.
Le train s'étire, il s'en va…

Étrange sensation! Comme si, en cette heure suprême, le train emportait au loin une partie de notre folle jeunesse!

Jamais plus d'ailleurs depuis ce jour, nous, du 104ᵉ cours, n'avons pu nous retrouver au complet. Si nous avions pu prédire l'avenir ce midi-là, au lieu de disséquer des au revoir, nous aurions plutôt simplement épelé le mot *adieu*.

COMPAGNE D'UN POÈTE

Je connais une femme qui depuis plus de cinquante ans accompagne son époux, écrivain de premier plan.

Cette même dame, bachelière ès arts, autrefois attachée aux laboratoires scientifiques de l'Université de Montréal, vit au moment où j'écris du souci premier de protéger l'activité culturelle de son époux artiste.

S'est-elle sacrifiée pour se mettre au service du succès de son époux ? Madeleine vit autrement. Déjà attachée à sa famille, elle a voué à sa fille unique une attention illimitée. Non, tout simplement, Madeleine vit sa vie comme telle, dans l'acceptation des différences qui font la richesse d'un couple. Son bonheur à elle est là.

En outre hôtesse discrète, habile cuisinière, experte en soins domestiques, elle est présente sans jamais s'imposer. Pourtant autonome.

Madeleine Brault me fait penser à ces montagnes autour du mont Orford. Toujours évidentes, silencieuses. On dirait qu'elles sont là pour être là… et peut-être pour simplement écouter la musique grégorienne des moines d'à côté, de l'abbaye Saint-Benoît-du-Lac.

Madeleine, elle est là, toujours là, pour être là…

P.-S. Madame Madeleine Brault est décédée rapidement en avril 2014.

JACQUES BRAULT
ET SES SECRETS

Au début de *Mémoire* (1965), le poète Jacques Brault entend honorer son frère Gilles, jeune soldat de l'armée canadienne mort en Italie à l'été 1943. Jamais retrouvé depuis. Il y a aussi, pour l'écrivain, le pays à retrouver, à identifier ; puis les misères de la vie et les idéaux à bien dire et redire ; et parfois le mal d'aimer, la langue maltraitée et « tout ce fardeau » de survivre, à crier dans le désert. Parmi tant de confidences, celles-ci :

« Je vous écris mes ailleurs d'ici sans détour… »

« Je rentre là d'où je suis venu mon pays du bout de monde… »

« Qu'il nous soit donné le pain durci à la peine…\ et sa tendre mie mon amour que boulange le bonheur… »

« Où es-tu ma vie \ dérivante comme nouvelle \ bonne ou mauvaise \ on ne sait plus… »

« Quand à mon tour je dormirai entre terre et terre \ quand je serai bien couché à jamais quelqu'un se lèvera \ crois-moi en qui nous continuerons à mettre maille sur maille les chairs d'une vie nouvelle… »

Ses mots, des mots de tous les jours, il les cueille, les rassemble comme un fleuriste en son jardin. Lui, fleuriste de l'intimité quotidienne, doté d'une si savante mémoire, il nous offre des mots en quête d'une inaltérable vérité.

AURAI-JE LE TEMPS?

Minute après minute, seconde après seconde, le temps, ton navire et non ta demeure, lime qui travaille sans bruit.

Je le sais.
    Je le sens.
    Il passe.
    Il me domine, il me harcèle, il me devance.
    Il me fuit.

Aurai-je le temps?

Qui me donnera du temps?
    J'en ai besoin aujourd'hui pour espérer, aimer, croire, pour espérer me souvenir, discourir, lire, écrire, penser, me souvenir…

Quand viendra-t-il, ce temps sans temps?

Pour le moment, c'est l'instant.
    Seul réel, l'instant.
    L'avenir? du temps promis.
    Ça me rappelle l'axiome de mon père quand la fenaison urge… et que les heures passent : «Dans le temps comme dans le temps, on verra ben.»

RITES EUCHARISTIQUES

Pour mille raisons les rites me fascinent. Le rite eucharistique surtout. Si simple.

J'explique ou plutôt je résume : des amis de Jésus sont réunis autour d'une table avec du pain et du vin. Il leur dit : ce pain, ce vin, c'est moi. Moi autrement, Moi avec vous... « Mangez, buvez... faites ainsi quand je serai parti. »

Oui, promis, « je suis avec vous tous les jours jusqu'à la fin des temps ».

Ce que l'amour peut inventer pour se dire... et se prouver.

MON ENFANCE, C'EST...

Mon enfance (1915-1925), c'est ma mère malade qui prie, c'est mon père qui discourt, c'est mon frère qui laboure, c'est ma sœur Jeanne qui m'apprend le piano, c'est ma jeune sœur Cécile, la timide, qui tente de passer inaperçue. Mon enfance, c'est entendre trop tôt le coq qui coquerine, le chien qui aboie à tous les vents.

Mon enfance, c'est monter de la maison à la forêt de Maska.

À Maska, c'est du silence pur. On y entendrait voler un ange. Mon enfance, c'est la maison blanche et carrée avec sa cuisine, la grange et le poulailler. Mon enfance, c'est le 3e Rang et le chemin de Maska et tous ces érables en attente. Mon enfance, ce sont tous ces chemins qui mènent chez les voisins, de l'Hétrière à Lévis.

THÉRÈSE MARTIN (1873-1897)

Est-ce le fait que ce soit une femme ? Est-ce mon inconscient, puisque ma première « blonde » s'appelait elle aussi Thérèse ? Quoi qu'il en soit, je l'aime ma Thérèse Martin, dite sœur Thérèse de l'Enfant Jésus, née à Alençon le 2 janvier 1873 et décédée à Lisieux le 30 septembre 1897.

Moi qui fréquente, et depuis 1938, ce grand théologien de la chrétienté, admirable écrivain en plus, je me surprends souvent à lire les écrits d'une jeune femme non diplômée à la langue infiltrée de fautes, de ratures et de ponctuations douteuses.

Et pour tout dire, la simplicité de propos et son langage d'enfant, le fait qu'elle n'aime pas mes gros livres, qu'elle n'ait pas fait de miracles notoires durant sa vie, qu'elle n'ait vécu que le quotidien répétitif d'une jeune carmélite, tout, au premier abord, m'éloigne d'elle et surtout de ses écrits. Mais la priorité qu'elle accorde à l'amour qui donne et qui pardonne rassure à jamais le fragile enfant que je suis depuis toujours.

Rien à faire, rien à redire, elle me fascine…

Et à cause d'elle, il m'arrive parfois de me surprendre à tutoyer Dieu comme cela arrive dans certains psaumes. Tutoyer le Christ aussi…

Moi, je n'ai jamais osé tutoyer mes parents! Ça me surprend. Ça me plaît.

LA PROCESSION DE LOURDES AU QUÉBEC

La chapelle, au bout du village, est une imitation honnête de la vraie chapelle, celle de France. Pour rendre plus crédible ce lien avec Lourdes en France, cette chapelle à Saint-Michel-de-Bellechasse a été construite à proximité du fleuve. S'ajoute même une grotte habilement taillée à même le rocher tout près. Chaque année depuis 1881, on s'y rend en procession lors de la fête de l'Assomption, soit le 15 août.

Événement unique en son genre tellement il est original : la procession a lieu aux abords de la nuit, les maisons sont décorées, les trottoirs sont nettoyés. « La Sainte Vierge mérite bien ça », disent « les gens du pays », persuadés que « cette année l'orage ne cassera rien ».

Cette année encore — j'ai 15 ans —, toute la paroisse s'y retrouve. Déjà bien identifiables, les Enfants de Marie, les Dames de Sainte-Anne, les ligueurs du Sacré-Cœur, les marguilliers ainsi que d'autres notables de la paroisse. Et pêle-mêle, hommes, femmes, enfants… avec, en finale, monsieur le curé portant l'ostensoir, tous en route, de l'église à la chapelle habillée en reposoir.

Ce soir, la chorale est à son meilleur, les filles sont plus belles que jamais, les cloches sonnent si bien qu'on les entend à l'île d'Orléans. Sans compter que monsieur le curé a revêtu sa chape dorée, « la plus belle du comté ».

Après tant et tant d'années de processions vécues ici et là, en France comme ailleurs, celle de Saint-Michel occupe une place de choix dans mon cœur.

Je les vois, je les revois, je les entends même, je les entendrai toujours, ces braves cultivateurs des rangs chanter à plein gosier *Laudate Mariam… Ave Maria…* C'est à ce point que, parfois, et malgré moi, je me surprends à préférer ces chants aux grands airs de Verdi.

« J'IRAI LA VOIR UN JOUR »

Tel Gilles Vigneault, poète et chansonnier émérite qui se souvient avec enthousiasme des hymnes liturgiques de son enfance, je me rappelle moi aussi ces « cantiques » entendus à l'église et au collège. Le plus aimé demeure : « J'irai la voir un jour. Oui, j'irai voir Marie… » À cause de ces deux mots clés du refrain, nous sommes tout de suite lancés en orbite : « Au ciel, au ciel, au ciel… »

Peut-être que « J'irai la voir un jour… au ciel, au ciel » résume à sa manière cette confiance profonde du peuple en plus grand que lui. Tout simplement croire, croire pour simplement espérer, croire pour simplement aimer. Grand-père Blais, un peu sceptique à ses heures, en concluait à sa manière que tous ces chants, « ça se chante mieux que ça s'explique ».

L'important de ce chant vient sans doute rejoindre une autre croyance populaire de la tradition chrétienne, à savoir que Marie, Mère de Dieu, celle à qui on a donné tous les noms les plus glorieux — mère, dame, reine —, a personnellement tous les pouvoirs. Jusqu'à tenir tête à Dieu.

Ainsi raisonnait mon père : « Le Bon Dieu en a tellement à faire sur la terre pour qu'on aille tous au ciel, faut qu'il se fasse

aider. La Sainte Vierge, elle est là pour ça. Je me suis laissé dire
que ça la tient ben occupée!»

VIENNENT LES GOÉLETTES!

Pour tous les enfants Lacroix, les dimanches d'été sont des jours de grande jubilation. C'est-à-dire qu'aussitôt terminée la longue cérémonie latine à l'église, nous courons en hâte jusqu'au pied du quai… pour enfin y voir arriver et passer des goélettes.

C'est si beau une goélette qui avance, qui s'approche du mont Sainte-Anne, qui frôle les rives, comme un cygne à l'aventure sur une longue rivière bleue.

Comprenez que pour nous, jeunes résidents du 3ᵉ Rang toute la semaine rivés à la terre, une terre elle-même encadrée par des pagées, la vision des goélettes sur un chemin qui nous semble mobile a de quoi animer notre imaginaire en cage.

C'est comme si tout à coup nous apprenions à naviguer avec la vie.

UN BEAU CADEAU! MERCI!

Comment souhaiter «bonne fête» à maman qui célèbre aujourd'hui son anniversaire de naissance? À noter tout de suite que, durant leur vie, ni ma mère ni mon père ne nous ont une seule fois embrassés ni serrés dans leurs bras. «Nous autres, les Blais et les Lacroix de Saint-Raphaël, on n'est pas des embrasseux comme les gens de la ville… Mais sans se le dire on s'aime, on se l'prouve!»

Comment faire – j'ai 8 ans – pour «prouver» à ma mère, et surtout sans lui dire et sans l'embrasser non plus, que je l'aime? J'irai aux fraises dans la cavée: il s'y trouve en quantité des talles et des talles de fraises des champs; il y en a plein le versant de la côte de la rivière Boyer.

Toutes juteuses, à point, je les cueille, les tiges avec, toutes dans ma main. Puis je les regroupe en gerbe: ça fait un vrai bouquet!

De retour à la maison, je remets mon beau et unique trésor à ma mère, si étonnée de recevoir un hommage aussi original qu'un mot, un seul mot lui vient à la bouche: «Mer-ci! Mon petit!» Puis, elle monte vite l'escalier, entre dans sa chambre et ferme la porte.

« Seule pour pleurer son émotion » ? C'est l'opinion de papa, convaincu que si « son garçon a bien du cœur », son épouse, elle, en a autant, mais ne sait pas le prouver...

P.-S. Si aujourd'hui tu n'as ni mots à dire à ton ami, ni gestes à poser, écoute ton cœur et va cueillir des fraises...

ÉTRANGE AMIE

Depuis mon séjour au Japon et mes lentes lectures à saveur orientale, j'ai toujours espéré me retrouver un jour ou l'autre en lien avec un ami de là-bas, japonais, chinois ou vietnamien. Chaque fois qu'un de mes étudiants venait d'Asie, je cherchais à le connaître pour mieux l'aimer.

J'aime l'Orient. Son esprit de synthèse. Sa délicatesse. Son goût de l'implicite. Son rapport avec la nature. Et tout cet univers… sans Descartes!

Non que je croie que les Asiatiques nous sont supérieurs; je pense plutôt que pour des raisons encore mal dites, nous sommes différents. *Très* différents.
   La différence enrichit.

Tout récemment, à la suite d'une conversation fortuite, je me retrouve devant une Asiatique qui, selon ses dires, a été éduquée à la manière de grands-parents bouddhistes. Sa grand-mère aurait été nonne.

Ce que j'observe chez cette femme de 40 ans, c'est toute sa manière d'être. Elle raisonne autrement… Son amitié, rien d'exclusif, est celle d'un cœur à la fois secret et intense. Son bonheur, il me semble, serait tout simplement d'être, là, d'aimer comme on aimerait un enfant, moins pour recevoir que pour donner. Peu de raisonnements, aucun besoin de prouver quoi que ce soit ou d'avoir raison. Simplement manifester des sentiments, des idées, des mots, par des silences. Avec elle, pas d'arguments, simplement une autre manière d'avoir raison à voix douce. Ainsi l'eau qui creuse la rive…

Je ne peux pas comparer. Mes amis d'ici, du même âge ou de la même culture que moi, sont d'une intériorité d'un autre ordre, aussi vraie, mais plus analytique, plus discursive.

Commentaires de mes amis Pierrot et Simone :

> L'attitude zen dont vous parlez se manifeste chez les personnes d'un certain âge, soit par détachement personnel à l'égard de leurs opinions, soit par pessimisme à l'égard de la possibilité d'un réel dialogue dans un monde où tant de préjugés circulent.
>
> L'esprit oriental s'apparente un peu à ce désengagement à l'égard des discussions animées des gens qui veulent avoir raison…

ÉTRANGES ET LOINTAINES AMITIÉS

Expérience assez unique. Inespérée plutôt. Me voici, en 1960, professeur invité à l'Université de Kyoto. J'y suis pour y enseigner la lecture de manuscrits latins du Moyen Âge européen. Eh oui, j'enseignerai à des jeunes étudiants qui, bien que choisis par leurs professeurs, ignorent pour le moment tous les secrets de la paléographie latine européenne. Des extraits de textes latins médiévaux leur sont remis, photocopiés et bien alignés. En principe, ces jeunes peuvent comprendre le français et l'anglais, du moins comme langues de lecture. De fait, je n'ai jamais su si c'était bel et bien le cas…

Comme ils sont polis, attentifs, bien éduqués, dociles! De toute évidence, ils veulent apprendre. Chaque planche que je leur présente, ils l'examinent de près; ils vont identifier les ratures, comparer au besoin les ligatures, les variantes, peut-être même opposer en leur esprit la belle écriture arrondie mérovingienne à l'écriture hachée des textes plus tardifs.

Il y a les cours. Il y a les rencontres.

Ils m'invitent, ils me conduisent à leurs temples bouddhistes, shintoïstes et autres.

Et c'est ainsi que j'entre en contact avec les religions orientales, avec le bouddhisme plus particulièrement. Je m'y intéresserai de plus en plus. J'aime tellement en découvrir la richesse intérieure et, en réalité, j'y trouve des parentés avec les enseignements de mon gourou préféré, Jésus de Nazareth, lui aussi né en Orient.

Les années ont passé. Pardon : elles ont fui ! Que sont-ils devenus, mes étudiants de Kyoto ? D'où vient le fait que je veuille encore les revoir ? Pourquoi ces missions impossibles d'un cœur qui ne veut rien oublier ? L'amitié est-elle à ce point merveilleuse et fragile que même à distance, dans le silence profond, on ne peut plus s'en passer ?

MON PÈRE MÉTÉOROLOGUE

Il l'est avec ses mots, des mots qui ont souvent une longue et secrète histoire… Je l'entends encore qui informe ou qui prophétise du *bon* ou du *méchant* temps. S'il y a un mot qu'il ne connaît pas, il l'invente, je le cite : « Hier soir, j'avais déjà apercevance de beau temps, ça promet une bonne airée de beau temps demain… » On dirait même qu'il connaît les vents par cœur. Un petit air de vent le rassure, le fleuve qui ride entre des sautes de vent, des risées de vent sur le fleuve, des rames de vent à la barre du jour, des petites bouffées de brise tiède, « voilà un matin bien acalmé, c'est le petit jour qui s'abeaudit, y fera beau comme jamais ». Ainsi de suite !

Si la marée est d'équerre et qu'il aperçoit le bout du nez des bateaux à la pointe de la baie Saint-Vallier, papa sait que le printemps est arrivé pour de bon. La manière dont il regarde le fleuve, quand « la mer moutonne », signifie qu'il n'ira pas bûcher aujourd'hui. « Tu comprends, le fleuve y en sait plus long que tous nous autres ensemble. Même si je te fais instruire, tu en sauras jamais autant que lui. »

Quand la lune est cernée, papa sait qu'il lui faudra adapter ses horaires, s'atteler aux petites besognes, «bordasser», «chef-d'œuvrer»…

C'est d'ailleurs ainsi qu'il parle d'un temps «marécageux», d'un temps qui se «morpionne». «Si le ciel se graisse, si le ciel se pognasse… il va mouiller à scieaux. R'garde: les vitres sont pleureuses…»

Que dire des aurores boréales et de cette féerie colorée tout autour? «Le Bon Dieu veut se faire plaisir.»

S'il nous arrive de lui poser trop de questions: «Je ne suis pas le Bon Dieu, pis vous ne l'êtes pas vous autres non plus, petits diables!»

Petits *diables* ou pas, nous étions certains que pour si bien deviner la température, papa devait en savoir presque autant, sinon davantage que le Bon Dieu en haut dans les cieux.

SWING ET SYMPHONIQUE

Fanatique de rigodons, de gigues, de danses carrées, de danses en ligne et autres « swingnages », je l'aurai été exclusivement jusqu'au jour où, en mars 1931, au collège de La Pocatière, l'abbé Roméo Garnache m'invita à écouter « de la grande musique ».

Je me souviendrai toujours de cette « première ». Par politesse envers mon professeur de syntaxe, je dus écouter sans bouger la sixième, la « Pastorale » de Beethoven. Je me revois encore assis sur une berceuse en bois franc, et sans coussin. Et j'écoute, et j'écoute, ou plutôt j'espère entendre la musique d'un *reel*. Ce *reel* qui n'est pas venu. Le généreux abbé n'a dans la tête que de me faire connaître *de la vraie musique*, cette musique qui, seule, selon lui, forme l'esprit de la jeunesse.

Les années ont passé. Beaucoup d'années, en fait. Et peu à peu, sans m'en rendre compte, j'en vins à savourer les larges et majestueuses mélodies classiques, si bellement appuyées par des violons, des violoncelles et tant d'autres instruments complices — les tambours, les flûtes et les saxophones, voire la harpe.

Pourtant! Je me surprends parfois à m'ennuyer de ces *reels* qui autrefois m'ont fait «swingner»… jusqu'à la folie!

Étrange nostalgie!

Que Mozart et Beethoven me pardonnent!

TENDRES PAROLES !

Le fait d'avoir atteint un certain âge et d'avoir donné beaucoup de conférences et de causeries m'a valu d'entendre toutes sortes de présentations et de compliments d'usage. C'est ainsi qu'on m'a félicité de ne pas être encore mort, qu'on m'a informé qu'il y aurait beaucoup de monde à mes funérailles ou qu'on m'a servi froidement une citation de Lao-Tseu : « Celui qui sait ne parle pas et qui parle ne sait pas » ! De même, je suis élégamment averti que celui qui parle trop risque de ne pas toujours être vrai...

Que dire de la présentation appliquée de cette si gentille religieuse, attentionnée au point de craindre que je ne sois pas bien compris par ses sœurs vieillies et fatiguées : « Même si ce que vous dites n'est pas clair, nous sommes certaines que ce que vous direz nous rendra bien votre pensée. »

Enfin, toujours dans le but de me mettre à l'aise, madame X insiste d'un ton résigné qui ne cache pas ses appréhensions : « Vous êtes tellement parfait, Père, que vous n'avez pas besoin d'être bon. »

Tout ce résumé, je le fais pour m'inviter à l'humilité quand on me dit que je « parle ben », que je suis un « conférencier exceptionnel », même quand c'est la première fois qu'on m'écoute.

Moi aussi j'ai eu mes gaucheries. À une assemblée de personnes handicapés tous en fauteuil roulant, j'ai dit : « Levez-vous pour écouter l'Évangile » ou, dans un moment de complaisance ambiguë, j'ai affirmé : « Je vous remercie d'être venus… et que les absents lèvent la main… » Pire encore, j'ai déclaré, avant de discourir, que « savoir se taire est l'art des meilleurs orateurs ». Je me tais !

J'AIME RECEVOIR DES LETTRES... ET TOI ?

J'aime recevoir des lettres; j'aime tout autant en écrire. Plus que la parole encore, l'écrit suppose une certaine respiration de l'âme. Le mot que tu écris, tu l'éprouves en même temps, et tu permets ainsi à ta pensée de s'appliquer davantage. S'envolent les mots, demeurent les écrits: « *Verba volent. Scripta manent.* »

Ou encore, ce mot signifiant de Félix Leclerc à une amie: « Je voudrais être la lettre que je t'écris. »

L'écrit personnifie plus que tout au monde. Plus que la photo qui répète, le mot écrit embellit la pensée qui l'a inspiré.

C'est mon avis... Quel est le tien ? J'aimerais recevoir une lettre de toi.

MA TANTE JEANNE

Tante Jeanne, timide de nature et par vertu, nous l'aimons beaucoup, nous, tous les enfants Lacroix-Blais.

Nous l'aimons pour une raison première, sans doute reliée à notre jeune âge et à notre mouvance naturelle : elle n'en finit pas d'écouter nos histoires d'enfants, des histoires toutes plus intéressantes les unes que les autres, quitte à risquer quelques mensonges.

Elle nous écoute, elle ne nous juge pas, elle accepte sans broncher les récits de nos «grands» exploits au jeu, à l'école, à la grange.

Quand moi-même, aujourd'hui, je dois entendre pérorer des gens qui ont tellement envie de parler qu'ils ont à peine le temps de respirer, je pense à tante Jeanne et je prends patience… et finalement j'écoute.

Après toutes ces années, je suis personnellement admiratif devant tous les héros de l'écoute : je pense aux médecins, aux psychologues, aux psychiatres, aux confesseurs, aux infirmiers, aux infirmières qui n'en finissent pas de commencer et de recommencer à écouter avant d'en venir si possible à un diagnostic, ou à un pardon !

GRAND-PÈRE BLAIS

Ainsi que chaque été, nous étions montés au village de Saint-Raphaël-de-Bellechasse pour une visite rituelle chez les grands-parents Blais.

Grand-papa était né le 1er janvier 1836. Il est décédé le 22 mars 1920. J'ai donc alors presque cinq ans ; je suis né le 8 septembre 1915...

Je le vois encore, mon grand-père, assis au bout de la table de la cuisine. Oui, je le revois, grand-papa Blais avec sa longue, longue barbe blanche touffue : il me sourit.

Pourquoi avoir si longtemps gardé ce souvenir de grand-père Blais ? Est-ce ici la puissance du sourire dont on dit qu'il est la *fenêtre du cœur*, la *fleur du rire*, le *baiser de l'âme* ? Si, depuis 1920, j'adore toujours les gens âgés, si je leur souris si souvent, c'est la faute de grand-père Damase Blais.

LUCIOLES / MOUCHES À FEU

Elles surviennent chaque été, en soirée, aux abords de la brunante, dès que le vent tombe et surtout si le temps est chaud.

Elles arrivent je ne sais d'où, zigzaguant, papillonnant ; elles vont, viennent, fuient, improvisent des routes multiformes. Recherche insatiable de lumière.

Si petites. Si discrètes. Si lumineuses.

Leur humilité autant que leur discrétion m'envoûtent.

QUAND GRAND-MÈRE BLAIS NOUS RACONTE...

Pourquoi nous, tout-petits, avons-nous tellement aimé entendre parler de grand-mère Blais? Née le 4 mai 1842, décédée le 21 septembre 1914, elle était «sur le tard dure d'oreille» et n'en finissait pas de raconter la vie de son défunt grand-père Joseph Blais, décédé le 27 mai 1892.

C'était, paraît-il, un chasseur sans pareil. Il fallait, disait-elle, voir le père Joseph se «greyer» le matin pour partir. Tout un événement. Il sortait son fusil de l'armoire, le bandait, le plaçait en bandoulière sur l'épaule, chargeait sa blague de tabac en peau de chat, disait une prière, ouvrait la porte et partait en courant vers les forêts de Maska.

Ma mère excellait à nous le dire et redire: «Comprenez-moé ben, les enfants, Jos Blais n'est pas une feluette, il n'a pas peur des loups, encore moins des ours. Il ne fait pas de la petite chasse comme font les Abénaquis de Saint-Gervais qui courent après les lièvres, les écureuils, les lapins...»

Quand Joseph Blais revenait de ses expéditions, tout le monde était autour de lui et les récits commençaient: des faits, des vrais et des moins vrais... Peut-être que certains jours, il avait vu trop de loups, aperçu un orignal et, surtout, entrevu trop d'ours… Peu importe : selon ma mère, Rose-Anna Blais, son Joseph n'était pas un tueur, c'était un «vrai» chasseur : un chasseur qui, été comme hiver, n'avait qu'une idée en tête, celle de faire vivre sa famille. Suprême compliment : Joseph Blais était si bon chasseur que «les sauvages l'avaient en haute considération».

DES OMBRES APPRIVOISÉES

Quand ai-je pris conscience de l'importance des ombres ? Ombres de la nuit… ombres de la vie. C'est au Rwanda, pays des mille collines, en 1966, que j'ai pris conscience de «ma double personne»… J'explique. Je me promène dans les collines. Des dizaines et des dizaines d'enfants marchent avec moi. Je porte l'habit blanc des pères dominicains. Eux sont de race noire et ils m'entourent joyeusement, ils sont d'avant le génocide. Nous marchons, nous marchons. Il est midi, le soleil brille comme jamais, nous devons ici et là, sur la route sablée, tourner à gauche, à droite. Eux se déplacent tantôt reculant, tantôt avançant, jusqu'à ce qu'ils s'ajustent selon l'ombre qu'impose la lumière du soleil. Il ne serait pas poli pour ces petits de marcher sur mon ombre, l'ombre et moi ne faisons qu'un… Ils ont raison.

C'est ainsi que les enfants du Rwanda, sans le vouloir, m'ont appris à ne pas me limiter à ma petite personne, ni non plus à mes seuls pas. L'ombre suit ou précède nos vies, tel l'esprit qui accompagne chaque personne, autonome et inséparable. «L'ombre se meut selon les vœux du soleil», dit la Chine…

À chacun de cibler la lumière et l'ombre, tout comme on ciblerait à la fois l'esprit et le corps.

MES RELIGIEUSES

Je les aime, je les aime toutes, mes religieuses. N'allez pas me demander pourquoi, ou encore invoquer Freud ou même Jung. Quoi qu'il en soit ; c'est depuis que je suis petit qu'il en est ainsi. Sans doute incarnent-elles à leur manière la générosité de ma mère. Et surtout sa piété.

Il y reste que, durant presque toute ma vie de chercheur, d'écrivain et de professeur, j'ai eu comme amies deux religieuses de la congrégation des Sœurs de Sainte-Anne. Elles refuseraient que je les nomme.

Ce qui me fascine encore est qu'elles soient là, si différentes ! L'une fut longtemps responsable de sa communauté au Québec. Une femme d'idées, avec la volonté de les faire vivre, et une ténacité à toute épreuve. Quand le bien commun est en cause, sœur Lucille sait quoi dire… et ne pas dire. Vive femme de discernement. L'autre religieuse, Madeleine, une bibliographe amoureuse des livres, est d'une nature plus intimiste… Elle possède les vertus de la patience, de la lenteur et de l'efficacité à long terme.

Ainsi, je puis dans la joie fonctionner avec deux religieuses bien identifiées, priantes, loyales, éprises de leur fondatrice qui vient d'être béatifiée : l'une m'enseigne l'esprit de décision, le don de soi à la communauté d'appartenance et l'autre, la tranquille patience et le secret travail répétitif des racines cachées.

Je comprends une fois encore que Dieu ne pouvait laisser Adam seul.

IL M'ARRIVE DE
M'ENNUYER...

Il m'arrive parfois de m'ennuyer du chien qui nous accompagnait souvent de la maison à la grange, et aussi du gentil cheval noir qui, tous les dimanches, nous conduisait à l'église. J'aimerais réentendre le coq. Je pense tout autant à ces chats en cavale autour de la grange à l'heure de la traite des vaches... Et à ces petits moutons si doux à regarder, si faciles à aimer!

Ces moments de nostalgie me rappellent ce que j'avais appris durant mes études en philosophie, à savoir que nous, les humains, serions des animaux... mais des animaux *raisonnables*.

Suis-je raisonnable quand, seul dans ma cellule, cloîtré au deuxième étage de ma maison, je me surprends à souhaiter posséder la fidélité du chien, la générosité du cheval, le goût de l'éveil matinal du coq, la gentillesse de l'agneau qui si tendrement donne sa vie à manger?

Animal ou plus qu'animal, il semble bien qu'il n'y ait pas de plus grande raison de vivre que de donner sa vie... à autre que soi.

LES LACROIX : GENS DE PAROLES

En ces temps-là, à la maison partout dans les rangs et les cantons, la tradition orale était d'une suprême autorité, l'écrit étant réservé aux quelques rares paroissiens plus instruits.

À la maison, il y a *Le petit catéchisme* qui, en principe, sait tout de notre religion. Il y a aussi l'*Almanach du peuple* qui, chaque année en janvier, nous prédit le temps des saisons, des neiges et des pluies. Cette science est en tout premier lieu au service de notre mémoire. Ainsi résumerait mon père, « le père Caïus » : « Plus tu as bonne mémoire, plus tu peux dire la parole. »

D'où vient le fait que les Lacroix soient si loquaces ? Comment expliquer que ces gens n'en finissent pas de raconter leurs histoires de chasse, leurs voyages dans les chantiers de la Côte-Nord, leurs aventures en raquettes ou encore leurs maquignonnages de chevaux et d'animaux de ferme, sans que l'on puisse toutefois vérifier l'authenticité de leurs paroles ?

Bref, ces conteurs de vrais récits autant que de mensonges sont, à leurs dires, les vrais descendants de la vraie France, « celle qui n'a pas tué ses prêtres », comme dirait ma mère. Les Lacroix d'ici, Français de souche dont plusieurs sont d'origine normande, ont un penchant naturel pour le récit. Ils sont aussi parmi les premiers à immigrer en Nouvelle-France, avec tous les risques qu'il y avait à l'époque à traverser les mers. Ils ont donc déjà beaucoup à raconter. Ainsi dit si bien le poète Vigneault : «Ce sont gens de paroles… / gens de causerie. / Qui parlent pour s'entendre… / Et parlent pour parler…»

DES PEURS ET DES PEURS

C'est qu'il y a dans ces nuits encadrées de tonnerre et d'éclairs de quoi faire sursauter de peur et trembler tous les habitants du 3ᵉ Rang de Saint-Michel-de-Bellechasse, Québec... Tout le monde s'énerve, et même les animaux à la grange. Règne surtout la peur du feu qui pourrait, en quelques minutes, embraser toute la ferme.

Encore aujourd'hui, la nuit en particulier, j'ai peur du tonnerre.

Je me souviens aussi de ces peurs qui m'habitent quand, tout petit et seul, je veux traverser le soir la forêt de Maska. J'y entrevois des têtes d'orignaux, un ours caché derrière le rocher, des éperviers volants, des hiboux. Tous les animaux de mes leçons de géographie y passent. J'ai peur, j'ai peur...

Une peur plus récente. Avril 1961. Voyage Montréal-Tokyo en avion, petit avion à trois moteurs qui me paraît si minuscule pour un si long voyage. La nuit, il me semble que parfois le bruit du moteur diminue... Rien pour me rassurer. Quand nous arrivons à l'aéroport Haneda, nous frisons longtemps la mer... Je vais mourir noyé... Et le reste, et le reste...

Devrais-je me raisonner ? Aurai-je le temps de me réconcilier avec toutes mes peurs ? Ne sont-elles pas toutes parties prenantes de ma vie ? L'héritage !

Le vieux Virgile qui écrit dans *L'Énéide* (8, 24) a de quoi me rassurer : la « peur aux talons met des ailes ».

NUIT... EN FIN DE VIE

Aujourd'hui, en fin de vie, chaque nuit m'invente de nouvelles pensées... Je peux enfin rêver aux nuits étoilées des hivers de mon enfance, je pense à la lune voyageuse. Je m'émerveille...

Tout en attendant la dernière nuit.

Ô *Nuit,* où est *ta victoire?*

LE TEMPS DES AUTRES MOTS

Notre deuxième voisin — ça se passe dans les années 1920 — s'appelle Achille. Homme de la terre et des durs travaux, sans aucune instruction : il ne sait même pas lire. Mais avec cette précision qu'il sait par cœur, pour les honorer quotidiennement, tous les gros mots défendus par l'Église catholique. Il les connaît tous. « Ça lui vient tout seul. »

Énumérons selon l'ordre programmé par monsieur Achille en personne : *tabernacle* (« tabarnak »), *christ*, et selon les situations et ses humeurs : *calice, ciboire, calvaire, vierge* (« viarge »), *baptême, hostie.* Ensuite viennent *ostensoir* ainsi que les inoffensifs *saint sacrement* et *sainte espèce*, références plus évidentes à la liturgie paroissiale dominicale… qu'il ignore totalement.

Entendons-nous. Lui, monsieur Achille, ne *jure* pas, ce mot vient de la ville, il ne *blasphème* pas, ce mot est un mot d'église. Tout simplement, il *sacre*. Le mot *sacrer* lui est si familier que, pour féliciter sa fille aînée, il lui dira : « Sacrée que tu es belle ! » ; pour annoncer qu'il arrive : « Compte sur moé, j'arrive au plus sacrant. » Et pour se faire attendre, « une sacrée bonne escousse » n'est pas de trop.

Achille a un jour appris par un sermon entendu à l'église du village que *sacrer* pour vrai peut devenir un péché mortel jusqu'à lui mériter le feu éternel de l'enfer... Ouf!

Heureusement, certains dérivés le rendront moins coupable: il les apprend tous. Au lieu de crier *tabernacle* (péché mortel!) il dira «tabernouche» (pas péché du tout). Au lieu de *baptême* il dit «batèche», «s'tie» pour *hostie*, «câline» pour *calice*, «cibole» pour *ciboire*, «crime» pour *Christ*. Toutes ces opérations de sauvetage ont l'avantage de le rassurer sur l'avenir de son âme. Monsieur Achille espère comme tout le monde aller au ciel, bien que malgré lui il éprouve parfois des doutes sur ce lieu où tout le monde ne sacrerait pas. «Y aura là ben du monde là-dedans, qui ne saura pas comment parler au Bon Dieu...»

QUAND LA MUSIQUE
CREUSE LE CIEL...

En musique sacrée, rien de comparable (c'est personnel!) aux cantates de Bach. Ici je nommerais les cantates BWV 140, « Cantate du veilleur » et BWV 147, dont le dernier mouvement constitue la pièce célèbre *Jésus que ma joie demeure*.

Des rythmes d'un ordre qui respire la sagesse d'un amour fusionnel. Unité parfaite. Un équilibre des sons de l'orchestre et des voix qui ne cesse de se rallier à la vie intérieure du souffle initial.

Immortel Bach au-dessus de tout quotidien répétitif et de toute actualité tapageuse! Déroulement des lignes mélodiques. Agencement des formes musicales et surtout d'un esprit qui ne peut être que divin.

Architecture des tons qui mobilisent l'espace, tant à la verticale qu'à l'horizontale. Et c'est toujours vrai. Pour la raison même qu'habite en l'âme de Bach son amour inconditionnel de la Parole de Dieu.

Quand ainsi la musique creuse le ciel, c'est déjà un grand bonheur pour moi d'habiter la terre... en attendant d'entendre BWV 140 et 147 au rythme des anges musiciens du Paradis.

LA MORT ENTREVUE...

La mort, ces généreux paysans des années 1930 la côtoient depuis longtemps. À l'époque des familles nombreuses, elle est fréquente, sans oublier la mort nécessaire des animaux de la ferme. « On entre, on crie : c'est la vie ! On crie, on sort : c'est la mort ! »

Les plus spirituels prient « pour avoir la santé de faire une bonne mort »...

Les mots usuels que nous trouvons pour dire la mort varient selon les réflexes des uns et des autres : « Il a perdu le souffle, il a défunté, il a trépassé, il a rendu l'âme... » Plus poétique : « Il est parti de l'autre bord, de l'autre côté ; il était au bout de son fuseau. » Moins respectueux : « Il a levé les pattes, il a fini par crever. »

Cette familiarité rurale avec la mort est doublée d'une confiance voulant que la mort soit un passage vers un *vivre ailleurs et autrement*. « Dieu n'est pas un sauvage. » La plupart « ont vu le prêtre avant de mourir », leur foi les assure que le Bon Dieu leur pardonne tous leurs péchés et qu'ils n'iront pas en enfer. « La mort, c'est pour aller au ciel. »

GRÂCE À LA MORT...

Quand vient, à la maison, le temps des condoléances autour du cercueil ouvert, les bons sentiments de ces gens moins fortunés ne garantissent pas toujours la sagesse de leurs propos. La gêne, l'énervement, les mots qui retardent... «Je vous félicite pour la bonne mort de votre mari... Il est plus beau qu'avant, ils l'ont bien arrangé... C'est triste de mourir comme ça à la fin de sa vie...»

Un bon cœur n'a pas de limites : «Mon mari est mort de son vivant à 59 ans..., mort subitement à la fin de sa vie... J'ai le plaisir de vous annoncer que son service aura lieu... J'ai la tristesse de vous annoncer la mort de mon mari qui a perdu la vie avant de mourir... Je vous écris de la part de ma défunte épouse décédée la semaine dernière...» Ou pour résumer un besoin violent de bien-dire : «Grâce à la mort de mon mari, vous êtes gracieusement invités à célébrer son enterrement.»

Tout autant à citer certains testaments : «Je lègue à mon épouse bien-aimée toutes les dettes que je n'ai pas encore payées... Faire dire trois messes pour le repos de son âme ; elle les a bien méritées, après 45 ans de ménage...»

La générosité verbale de ces humbles en deuil... serait-elle illimitée?

CONFESSION ET CONFIDENCE

Nous avons tellement besoin de partager nos grandes joies comme nos grandes inquiétudes. *Nul n'est une île.* Nul ne vit que pour soi et par soi. La confidence est un besoin naturel, comme le secret. La confession dite chrétienne tout comme l'aveu confidentiel de nos erreurs font partie de la tradition de repentance propre à toute société en quête d'authenticité.

Il me faut avouer que la confession telle que pratiquée par les catholiques de mon pays, le Québec en Canada, a longuement souffert d'une obsession ; ne traiter que des péchés les plus inévitables, péchés d'orgueil et surtout péchés « de la chair ». L'aveu étant devenu plus important dans l'acte même de se confesser que la contrition et le regret, il est arrivé ce qui devait devenir la norme : dire ses fautes… et recevoir une sorte de pardon magique…

Quand la loi supprime la réflexion, la liberté est malade.

Comment réhabiliter aujourd'hui la confession, sinon par une rencontre première du Christ à qui je dis toute ma misère ? Et ce, en attente d'un confident qui me dise et redise que « c'est vrai » que Jésus trouve du bonheur à me pardonner… et même qu'il est plus heureux de me voir humble et contrit que toujours sage comme une image.

LE CIEL EN EST LE PRIX...

Pour les gens des travaux durs de la ferme, le *ciel* s'appelle « dimanche toute l'année » ! Un temps, sinon un lieu où il n'y aura plus de travaux forcés, ni de chicane, ni de procès... Là-haut au ciel, on va tous s'aimer parce que le Bon Dieu déjà nous a aimés et nous a pardonné tous ensemble en même temps...

Mais c'est une vraie obsession de part et d'autre : « Le ciel en est le prix!... Sans le salut, pensons-y bien, tout ne nous servira à rien. »

Il n'y a pas que les cantiques d'église pour nourrir notre mémoire, il y a le folklore de l'époque qui raconte par multiples faits et anecdotes que le ciel est un lieu parfait, un lieu pour des retrouvailles sans fin.

Bien que profondément croyants, mon père et ma mère ont des visions quelque peu différentes à propos de ceux et de celles qui seront au ciel. Papa espère qu'il n'y aura que des « libéraux », c'est-à-dire des personnes qui ont la même vision politique que la sienne. Ma mère, plus généreuse, espère qu'au ciel les Juifs et tous les croyants du monde se retrouveront, ensemble et heureux, enfin convertis à l'Église catholique...

FAUT-IL EN RIRE
OU EN PLEURER?

Faut-il en rire ou en pleurer que le divan du psychanalyste ait remplacé le confessionnal emmuré des années 1930?

Faut-il en rire ou en pleurer que nos culpabilités soient maintenant davantage «analysées» par des diplômés des sciences humaines de la religion, plutôt que d'être soumises à ces prêtres qui, eux, et même s'ils écoutent mal et abusent des confidences reçues, peuvent absoudre, voire pardonner, au nom d'un pouvoir divin d'une miséricorde illimitée, pouvoir qui les dépasse?

Faut-il en rire ou en pleurer que, ne se confessant plus au confessionnal à l'église, on le fasse davantage dans les journaux et à la radio, ou qu'on puisse sans restriction s'entretenir de sa vie amoureuse personnelle jusqu'à s'interroger publiquement et sans censure sur ses problèmes personnels de couple?

Faut-il en rire ou en pleurer que les péchés d'injustices sociales et les scandales financiers, dont on se confessait si peu autrefois, soient publiquement dénoncés par la presse?

De part et d'autre, avec le temps, s'imposera une sorte de juste milieu entre l'aveu nécessaire et l'ambiguë absolution divinisée. C'est à espérer.

DES JOIES PARFAITES

Pour l'instant, ma mémoire ne s'enténèbre pas trop...

J'ai dix, onze ans. Assis près de la voie ferrée, j'attends le passage du train CNR. Papa, absent depuis deux semaines, revient de la Beauce : « Surveille le deuxième "char", tu verras un mouchoir blanc, c'est moi qui reviens... » Ça arrive tout comme prévu. Pour moi, c'est la Joie parfaite !

J'ai 11 ans. Je suis assis sur un banc de neige devant de la maison. Froid, froid. Je gèle tout rond. Peu importe ! Je persiste à compter les étoiles... si heureux qu'il y en ait tellement, en ce soir de janvier 1927. Joie parfaite !

J'ai 40 ans. À Toronto, au Massey Hall, Fritz Kreisler en concert. Sa première sortie après un grave accident à New York. Il arrive sur scène. Grand silence. Une minute au moins à regarder... et comme à saluer son violon... Et le concert commence. Émotion... Joie parfaite !

J'ai 50 ans, en avion je survole la Suisse pour la première fois. C'est si beau... donc Dieu existe. Joie parfaite !

J'ai 60 ans. Madame Pilon, aveugle, handicapée, tricote de peine et de misère des chaussettes pour des enfants qu'elle ne verra jamais. Je la regarde. Sa joie. La mienne. La même Joie parfaite !

J'ai 90 ans. Céline est mourante. Céline, vieille amie priante comme pas une : « Benoît, je m'en vais. Bénis-moi, il faut se r'voir… » Et elle part. Quelle foi ! Joie parfaite !

P.-S. Il n'y a point de joie meilleure que la joie du cœur, selon Qohélet (11,9).

FEMME ENTRE LES FEMMES

Historien de profession, j'aurai toujours été fasciné par l'importance de certaines femmes, ces déesses de l'Antiquité qui ont, chacune à sa façon, la réputation d'être dotées d'une intelligence incontestée. Je pense aussi à Théodora, à Éléonore d'Aquitaine qui, en un sens, mènent l'Europe. À d'autres. Plusieurs. Chaque histoire nationale en compte. Ici en Nouvelle-France, Marguerite Bourgeoys, Madeleine de Verchères, Jeanne Mance… d'autres, d'autres.

La plus grande, c'est Marie de Nazareth.

On nous dit et répète ici et là, dans les milieux de dévotion populaire, que la Sainte Vierge est si puissante qu'elle tient tête même à Dieu… Au point que si tu as un chapelet dans ton veston, si tu portes une médaille scapulaire, ne crains plus rien. Même si, entre-temps, ta conduite est loin d'être irréprochable, elle, Marie, te sauvera du pire trépas.

Au Moyen Âge, les meilleurs voleurs se recommandent à elle et le plus souvent réussissent leurs mauvais coups… moyennant, bien sûr, certaines aumônes. Elle va, une nuit, libérer un condamné à la pendaison.

C'est elle encore, je le redis, la plus grande!

LA RÈGLE DE SAINT BENOÎT

Tout petit, j'avais décidé que je ne serais jamais cultivateur, c'est-à-dire jamais esclave des animaux et des travaux saisonniers. Longtemps j'ai partagé, avec des confrères aux études puis dans les universités, cette sorte de pitié pour les gens de la ferme qui doivent être au poste tous les jours, du 1er janvier au 31 décembre. Tous les jours, matin et soir.

… Jusqu'au moment où, enseignant à l'université la règle monastique des bénédictins, je découvre l'immense sagesse de la terre, de la répétition, de la stabilité, de la nature elle-même qui se répète quotidiennement jour et nuit, quelle que soit la saison en cours.

La leçon est venue aussi avec la vieillesse.

Finalement, je ne cesse de noter que la répétition organisée et chronologique obéit tout simplement à une loi naturelle. Toute vraie croissance suppose ainsi des rites et des gestes pareils en action continue.

Merci à toi, Terre Mère. Merci Terre généreuse et bienfaisante. Tu ne cesses de me parler. J'aime t'observer autant que j'aime encore aujourd'hui relire la *Regula monachorum*. Règle toute en symbiose. Travail, prière, repos, selon les heures, les jours, les nuits, les mois et les saisons.

MA PREMIÈRE

J'étais de toute évidence doué «pour aimer Dieu de tout mon cœur et de toutes mes forces». J'aimais déjà Dieu et mes parents, et mes frères et mes sœurs sans effort. Tout naturellement.

Et arrive ce jour (je devais avoir seize ans) où j'entre au magasin général du 3ᵉ Rang à Saint-Michel-de-Bellechasse. C'était pour acheter des «paparmanes».

Qui se présente au comptoir? Thérèse Gagnon. Elle a vraisemblablement le même âge que moi. Elle va à l'école tout près. On ne la voit pas souvent. Elle est timide.

Timide mais belle. Si belle que, pour la première fois, je me sens mal à l'aise et plutôt gêné. Il paraît que j'étais «rouge comme une tomate». C'est la version de mon frère aîné, premier témoin de mon premier amour.

Ce n'est pas tout. Durant les trois ans qui ont suivi, je n'ai jamais dit à Thérèse Gagnon que je l'aimais. Elle-même ne me l'a jamais dit. Il nous arrivait souvent de nous rejoindre en bicyclette ou de nous revoir à l'entrée du magasin général. Nous sommes même allés marcher au bord de la rivière Boyer.

Et nous riions beaucoup et parlions de tout et de rien. Mais j'étais si certain de l'aimer que je ne sentais pas le besoin de le lui dire. Ni de le lui prouver autrement que par des baisers circonstanciés.

Tout le rang savait que nous nous aimions. Le village aussi.

Quand pour la première fois, le 7 mars 1936, je lui ai parlé d'un désir étrange de partir pour aller aimer toutes les Thérèse du monde, et que j'ai insisté pour lui dire qu'elle serait toujours pour moi Thérèse, la première, elle n'a rien dit. Ensemble nous avons pleuré. J'avais 21 ans. Elle en avait 20.

Je l'aime encore. Plus, sinon davantage.

Thérèse Gagnon est décédée à Springfield, Mass., É.-U.

LA LETTRE LA PLUS
IMPORTANTE DE MA VIE

Tout m'amène maintenant à vous parler de la lettre la plus importante reçue au cours de ma vie : une lettre autographe écrite à Lisieux, le 11 décembre 1947 et signée, plutôt doublement signée, par les sœurs carmélites de Thérèse de l'Enfant-Jésus, Pauline et Céline.

La plus importante ? Il me semble qu'ainsi je suis davantage relié à la petite sainte de mon cœur, Thérèse de l'Enfant-Jésus en personne.

Je me surprends parfois à comparer pour mieux me rapprocher des « saints du ciel et de la terre ». Ma mère, si priante, est née en 1882 ; Thérèse Martin est née en 1873. Ma mère aurait-elle dit dans son enfance les mêmes prières d'époque que la jeune Thérèse Martin ? C'est très possible, puisqu'en ce temps-là nous empruntions presque toutes nos prières usuelles et nos livres religieux à la France catholique.

Tout cela, je le pense, je le crois, je l'écris, surtout depuis que j'ai reçu et lu la lettre la plus importante de ma vie, signée sœur Agnès (Pauline), sœur Geneviève (Céline).

UNIQUE FLEUVE

Habitué aux rites de la terre qui ne bouge pas, dormant à proximité de la voie ferrée… qui ne bouge pas, avec la maison, la grange et le poulailler qui ne bougent pas, comprenez mon enthousiasme, à moi, tout petit, arrivé au village pour la messe paroissiale du dimanche… Et qui, sitôt arrivé sur la côte du 2ᵉ Rang, sur le chemin qui mène de La Durantaye au village de Saint-Michel-de-Bellechasse, d'un seul coup d'œil observe l'île d'Orléans, le village, le clocher, les Laurentides et… le fleuve, ce «chemin qui marche», ce fleuve lui qui bouge, qui bouge, qui se déroule et qui désire à sa façon un éternel océan où se reposer à jamais!

Avec toute cette mouvance des vents et des marées, le fleuve, au jour le jour, m'a aussi appris à naviguer en haute mer sans jamais désespérer du chenal et de l'Atlantique.

VIVE LA NORMANDIE!

1953, fin novembre.

Pour la première fois de ma vie, je traverse l'Atlantique. Notre bateau porte un nom à faire rêver le jeune historien que je suis devenu : il s'appelle l'*Homéric*, sauf que ce mot me préoccupe moins maintenant que l'autre mot qui m'obsède depuis que je suis en mer : la Normandie. *Ma Normandie* si souvent chantée à la maison : « J'irai revoir ma Normandie… C'est le pays qui m'a donné le jour. »

Ma Normandie, je vais enfin la saluer. Il convient de préciser tout de suite qu'à la maison, la Normandie, elle est tout autant aimée que la France, celle que papa chante avec cœur et conviction, sur les mots du poète Louis-Honoré Fréchette mis en musique par Ernest Lavigne :

Jadis, la France sur nos bords…
Et nous, secondant ses efforts,
Avons fait la France nouvelle.

L'*Homéric* va accoster à Cherbourg. J'ose à peine y croire. Cherbourg! Ma Normandie. Mes yeux n'en finissent plus de regarder et mon cœur de battre si fort. Est-ce possible? Je pleurerais de joie si je n'avais pas à côté de moi plusieurs Canadiens sans doute moins « Français » que nous, les Lacroix du 3e Rang. Dommage pour eux ! Pour elles !

PARIS — CHARTRES!

Juin 1953. Les journaux français chiffrent 15 000 pèlerins. Tous en route à pied, sac au dos, vers la cathédrale de Chartres. Trois jours, deux nuits à la file. J'y suis comme aumônier adjoint d'un « chapitre », soit une trentaine d'étudiants et d'étudiantes de divers pays. Plusieurs ne sont pas chrétiens. Mon compagnon immédiat est un jeune musulman d'une délicatesse rare. Nous nous lions d'amitié. Il vient de Téhéran. Jamais revu depuis.

Le sommeil réduit, l'épuisement, les ampoules, les genoux et les bras heurtés…
    Nous approchons de la célèbre cathédrale. En marche depuis deux jours et demi.

Enfin. Nous touchons aux premières marches à l'entrée de la cathédrale, nous entamons le dernier *Je vous salue Marie*, l'émotion est à son comble. L'ombre de Péguy n'est pas loin. Larmes, joie, bonheur d'avoir tenu tête à tous les inconvénients d'une randonnée à travers les champs et les routes rurales.

J'entends encore leurs *Ave Maria* chantés, égrenés aux pas de la marche à travers la Beauce…

Inoubliable.

Pas de mots encore aujourd'hui pour le dire.

La marche de ces centaines et centaines de jeunes vers Chartres, leur vérité, leur beauté malgré la fatigue et toute la liturgie des *Ave* qui s'en suit…, leur enthousiasme jusqu'au dernier alléluia, c'est, je le redis et le redirai, d'invincibles souvenirs.

DIALOGUES

Elle est jeune, voilée, musulmane. Nous causons religion. Elle m'explique en même temps que parfois la polygamie est acceptable et qu'elle adore prier en assemblée à la mosquée. Le féminisme d'ici aurait trop de mots. Je perçois que cette employée au ministère fédéral de l'Environnement sait fort bien son Coran et que *son pouvoir* d'aimer n'en est pas pour autant diminué.

Quel respect entre nous! De l'amitié aussi, et je me surprends à penser au Christ en dialogue avec la Samaritaine… «L'heure vient… où les vrais adorateurs adoreront le Père en esprit et en vérité… Dieu est esprit» (*Jn* 4, 23-24).

Accepter de ne pas avoir le dernier mot, c'est une manière d'aimer.
   Quand il y a respect, l'essentiel de l'amour est sauf.
   Aime.
   Écoute!
   Aime encore!

L'HIVER

Pourtant, l'hiver est rude dans nos campagnes de Bellechasse. Vents froids qui nous arrivent de l'Atlantique, poudreries en rafales, routes enneigées, écoles et chemins fermés. Prisonniers plusieurs jours de suite. Une semaine sans sortir de la maison.

Des champs tout blancs… à perte de vue.

Et le fleuve endormi pour au moins deux mois.

Oui, je l'aime, mon hiver! Sans lui, je ne serais pas moi-même.

PLAISIR EXTRÊME

Pour nous, les enfants, tous bien blottis sous une couverture doublée de cuir et de laine, ce voyage de nuit en traîneau vers l'église du village est un plaisir extrême.

Dans un instant, tous à l'église pour la messe de Minuit.

Ici la chaleur vraie. Ici le prêtre qui prie. Ici les chantres à leur meilleur. Le froid vite oublié…

«Minuit! chrétiens! C'est l'heure solennelle…»
«Il est né le divin Enfant…»

Comme disait grand-mère: «À Noël, on vit des commencements de ciel.»

FEMMES RWANDAISES

[novembre 1965]

C'est à me demander, à propos des femmes du Rwanda, si le fait qu'elles aient été éduquées par des contes, des légendes et des proverbes ne les a pas rendues plus agréables à voir, à fréquenter. Et pour elles encore d'avoir si souvent enduré la chaleur, d'avoir travaillé aux champs, porté leur urne sur la tête, d'avoir fait face à la pauvreté et au sort d'un pays long-temps laissé à lui-même, voilà qui à mon avis les a rendues aussi belles, aussi généreuses et aussi courageuses…

Mais non! Je n'exagère pas. Il suffit de les observer quand elles descendent lentement des collines pour se rendre au culte, à Butare, à Save, à Kigali. Ces femmes africaines comptent parmi les plus racées du monde.

C'est mon avis.

Il ne changera pas…

MERCI L'ABBÉ !

J'avais alors à peine douze ans et je venais de quitter la maison paternelle pour devenir durant neuf années, dix mois chaque année, pensionnaire au collège de La Pocatière. Lui, l'abbé Clément Leclerc, et sans que je m'en rende compte, deviendrait peu à peu mon second père. J'aime l'abbé Leclerc, il joue franc jeu, il sait me corriger d'un ton amical bien que nettement affirmatif. Ses qualités de pédagogue le rendent encore plus crédible. Qu'il me parle de prière, voire de confession, il le fait toujours en conseiller avisé et tendre. Ce prêtre que j'ai beaucoup aimé, et je ne suis pas le seul, avait à son crédit la générosité de nous écouter même si nous n'avions rien à dire.

Grâce au prêtre Leclerc, je connais une religion joyeuse, une religion intelligente qui ne se laisse pas aller aux seules défenses et aux peurs. J'apprends sans m'en rendre compte que l'humain est un chemin de vérité, que l'art à sa manière nous conduit au meilleur de nous-même… jusqu'à provoquer en nous la beauté, la vérité et l'unité intérieure… Il m'apprend aussi le don de soi, le service rendu dans la joie.

Je lui dois, à l'abbé, de m'avoir enseigné les premiers rudiments du théâtre et de la mise en scène, la régularité au travail et le sens de l'appartenance. Encore aujourd'hui, si j'aime le théâtre et ses dérivés, je le dois à ces heures de bonheur au collège de La Pocatière, alors que tous ensemble, apprentis comédiens, nous préparions bénévolement les décors, la mise en scène et les salles, toujours sous la direction avertie de l'abbé, ce pédagogue hors pair.

Merci, l'abbé Clément !

L'AMITIÉ

Au cours des nombreuses années passées à l'Université de Montréal, soit plus de 50 ans, je me suis fait des amis, beaucoup d'amis : des étudiants, des professeurs, des ouvriers à la maintenance. Parmi eux, trois collègues préférés, trois frères de ma communauté d'appartenance, les Frères prêcheurs : Louis-Marie Régis, Raymond-Marie Giguère et Albert-Marie Landry.

Le philosophe prêtre Régis est un dialecticien hors pair. À qui veut des idées, il en offre : des propositions, des raisonnements, des opinions au besoin et des conclusions… irréfutables. Il fut mon ami jusqu'à sa mort, le 2 février 1988. Un ami, oui, mais sans les mots. Plus souvent absent que présent. On se fait confiance. L'admiration supplée.

Un autre ami de peu de mots, le père Albert-Marie Landry. Éditeur sans égal. Lui, il rédige, il corrige, il édite pour l'Institut d'études médiévales. Ce fut une amitié sans faille de septembre 1945 au 22 décembre 1988. Quand il décède, les publications savantes de l'Institut d'études médiévales, qui est notre lieu premier de travail et dont il est l'exact et le plus fidèle animateur, s'arrêtent. De même que la collection d'écrits savants qu'il édite.

Toute l'admiration et la reconnaissance que je lui porte, encore aujourd'hui, me font aimer plus que jamais les éditeurs et les correcteurs de textes.

Mon amitié pour le bibliothécaire Raymond-Marie Giguère est d'un autre ordre. Il nous faut, à moi et au père Landry, une certaine compréhension, voire une certaine patience face à ce confrère perfectionniste vouant un amour extrême aux livres. Excessivement acharné au travail des cotes et des fichiers, il laisse souvent entrevoir un cœur d'or au détour de ses impatiences, en même temps qu'il démontre une fidélité émouvante à l'institution universitaire comme à son appartenance à la communauté des Frères dominicains de Montréal.

Le seul mot de tendresse que j'aie jamais entendu du père Giguère (qui appartenait à une famille blessée par de douloureuses séparations), il le dit la veille de sa mort, le 19 février 1986, et sur un ton de confiance extrême : « S'il vous plaît, priez pour moi. »

À ces trois amis si longtemps voisins et confrères, soit de 1945 à 1988, je dois probablement d'avoir aimé et d'aimer encore, comme d'un même amour, et la communauté des Frères prêcheurs et l'Université de Montréal, à qui j'aurai peut-être donné le meilleur de moi-même.

LES V.I.P. DE MON ENFANCE

Tout ce bon monde paroissial a un sens de la hiérarchie.

Il va de soi que le « Bon Dieu » est en tout premier nommé, sur la terre comme au ciel. Aussitôt après, Jésus assis à la droite du Père. Pour nous, plus jeunes, ce Jésus est tout simplement le Bon Dieu en visite chez nous. Viennent après la Sainte Vierge, « ta maman du ciel », les anges, ton ange gardien au poste jour et nuit, l'archange Michel… qui veille sur la paroisse Saint-Michel-de-Bellechasse depuis sa fondation en 1678.

Revenons sur terre. Nous nous devons d'accorder une première mention à monsieur le curé. Bien sûr, l'évêque du diocèse et le député du comté ont leur importance, mais personne n'est aussi présent au quotidien que monsieur le curé, celui qui sait tout (il confesse), qui pardonne tout et qui donne l'absolution ; il se doit d'être présent à tous les événements importants de la vie, c'est-à-dire les baptêmes (naissances), les mariages, les funérailles, les accidents, les épreuves.

Après monsieur le curé, son vicaire. Ma mère estime au plus haut point le vicaire Chabot, timide comme elle et nécessairement moins gênant que monsieur le curé ; qui plus est, « il chante mieux » et « il parle moins longtemps ».

V.I.P. le sacristain, roi à la sacristie.

V.I.P. la servante de monsieur le curé, reine au presbytère. Elle observe tout, elle sait tout de la paroisse et si elle ne sait pas tout, rien ne l'empêche de soupçonner, voire d'inventer...

V.I.P. — pour ma mère — les enfants de chœur en soutane à la manière de monsieur le curé.

V.I.P. — selon mon père cette fois — monsieur le maire J.-N. Roy, ami de son député et de son parti politique.

En définitive, et sans le savoir, se retrouve ici et là une sorte de relent de l'antique féodalité médiévale avec son besoin instinctif de hiérarchie et son obsession des rôles.

PUIS-JE EMPRUNTER
VOTRE TEMPS ?

Toc! Toc! Maman ouvre la porte de sa cuisine. Entre une toute petite fille. Une Amérindienne qui habite tout près, à la réserve. N'ayant ni bracelet ni montre, elle veut savoir l'heure : « Madame, prêtez-moi votre temps. »

Depuis longtemps, et souvent, je pense à ma petite Indienne de Maska, jamais oubliée depuis, celle qui aime « emprunter le temps » de ma mère.

Le temps qui passe, le temps qui s'en va, le temps qu'on perd, le temps qu'on gagne. Le temps de vivre, le temps de mourir. *Tempus fugit,* comme disaient les anciens Latins. « Le temps est ton navire et non ta demeure », écrit Lamartine.

« Il y a un temps pour tout », dit le Qohélet.

À qui le temps ?

J'en ai vu passer dans ma longue vie des « Amérindiennes » et d'autres à la recherche du temps, moins pour l'emprunter que pour le posséder. Illusion !

Le temps, tout un cadeau !

CHER ET TOUJOURS CHER MUHLSTOCK!

Grand peintre et dessinateur, Louis Muhlstock décède à l'Hôpital neurologique de Montréal le 26 août 2001 à l'âge de 97 ans.

Polonais, juif, le réfugié Louis vit d'abord dans une extrême pauvreté. Son atelier qui déborde d'œuvres, au 3555 rue Sainte-Famille, est dans un désordre qui ne peut être que le sien.

Causeur sans pareil, il écoute, il répond, il épilogue, il ne s'impose pas. Quand il parle de ses femmes noires enceintes, si belles à dessiner, ou même de ses pigeons à la fenêtre, ou d'un tableau qu'il voudrait bien revoir, quand il s'enflamme à réciter tel ou tel poème — en anglais ou en français — qu'il vient de terminer, Muhlstock est toujours le même : amical, généreux, humain, spiritualiste et surtout fidèle.

Un jour il me dit : « Je ne mourrai pas. Je serai vivant aussi longtemps que l'on pensera à moi. »

Non ! Louis n'est pas mort. Il me l'a promis.

Je pense à lui. Si souvent. Presque tous les jours.

DIFFICILE PAYS

Il était une fois une rivière, une longue rivière habituée aux pires vents et aux plus fortes tempêtes de l'Atlantique. Il faut vous dire que cette rivière, le fleuve Saint-Laurent, n'a jamais la vie facile : des hommes de partout viennent la piller, la salir, la polluer. Iront-ils même, un jour ou l'autre, jusqu'à modifier son parcours ?

Tout près de la même rivière veille une très haute montagne, fière et majestueuse, multimillénaire également : c'est le mont Sainte-Anne.

Silencieuse et stoïque, la montagne veille sur sa voisine bien-aimée, lui apportant au besoin de l'ombre et, selon les jours et les saisons, la protégeant de mille manières subtiles.

Le Saint-Laurent aimerait dialoguer avec son honorable voisine. Parfois, la nuit, le vent s'en mêlant, il lui chante des romances. Peine perdue : la montagne n'est pas bavarde ni instable ou agitée comme le fleuve.

Sauf que mon pays ne saurait se passer ni du fleuve ni de la montagne.

LES ZOUAVES AU VILLAGE (1925)

Dimanche, une « armée » de zouaves pontificaux venus de la ville de Québec parade avant la grand-messe. L'étrange costume de paysan militarisé que portent ceux-ci m'impressionne autant que la précision de leur marche au pas cadencé sur la terre ferme grâce à leurs tambourineurs tout friands de se faire valoir.

C'est beau à voir.

C'est bon à entendre.

Je ne m'en fatigue pas.

Lors du prône, monsieur le curé explique : « Nos zouaves sont venus prier avec nous et nous dire qu'il faut tout donner au Bon Dieu, même risquer sa vie pour Lui. » L'émotion me gagne. Si moi aussi, je donnais toute ma vie au même Bon Dieu...

L'HOMME LE PLUS
MERVEILLEUX DE MA VIE

Il m'est arrivé, en fréquentant certains grands de ce monde ou, plus communément, en lisant l'histoire des premiers leaders spirituels de notre humanité — Confucius, Bouddha, Moïse, Jésus, Mahomet —, de m'extasier devant certains héros de mon temps ; je pense à Gandhi, à Martin Luther King, à mère Teresa, à Jean-Paul II, à Nelson Mandela, au dalaï-lama. Tous ces héros de ma pensée ne peuvent me faire oublier des «amis» plus anciens lus et relus au cours de mes études universitaires : Épictète, Marc-Aurèle, Sénèque… et surtout saint Augustin et saint Thomas d'Aquin.

Je me rappelle. Je compare. En lien avec cette culture première, je demeure humainement toujours de plus en plus ébloui par ces génies de la vie et de l'intelligence.

Mais Jésus, quelle sagesse ! Quel humanisme ! Qu'en plus, et de son vivant, il prévoie et intègre sa propre mort, je suis ému ; selon moi, il est le plus grand de tous, sans pour autant diminuer l'authenticité de chacun de ces héros qui rendent l'histoire de l'humanité si unique en son genre.

LA TOCCATA ET FUGUE
BWV 565

Juin 1930, La Pocatière, chapelle du collège : cinq cents adolescents, tous alignés pour la prière et le chant des cantiques. L'organiste et prêtre Léon de Grand Maison est à l'orgue. Une tradition orale locale tenace veut que l'abbé, déjà prix d'Europe, soit «le meilleur organiste au monde»… en plus de jouer sur un orgue Casavant, «le plus bel orgue en Amérique»!

Le plus captivant de ces propos quelque peu démesurés est que si peu instruits que nous fussions en musique d'orgue, nous croyons aujourd'hui que son interprétation de la *Toccata et Fugue* de Bach, BWV 565, est ce qu'il y a de plus désirable au monde.

Aujourd'hui, nous partons en vacances. Cette *Toccata* faite de «nombre, poids et mesure», selon la jolie formule du *Livre de la Sagesse* (11, 20), a en plus le don de nous parler d'une manière que je dirais inimitable. Ces notes en triolets saccadés nous suggèrent plutôt la libération. Vraiment, ces déboulades de sons et ces déroulements de notes… ne sauraient mieux nous encourager à rêver de vacances et de liberté.

Nous avions quinze ans et nous étions pensionnaires… Neuf mois par année! Chère *Toccata*! Prélude favori de notre départ pour les vacances. Pour cette ultime raison, l'abbé de Grand Maison reste le meilleur organiste au monde!

FRAGILES ET DOUCES AMITIÉS

Héritage, culture ou nature, je ne sais plus, j'aime, j'aime la vie, j'aime surtout l'amitié. De 1915 jusqu'en 1927, le cadre familial m'exauce. De 1927 à 1936, alors que je suis étudiant au collège et pensionnaire, les amitiés vont de soi. De 1936 jusqu'à maintenant, une communauté d'appartenance me rend l'amitié d'autant plus facile à concevoir et à pratiquer que cette communauté, l'ordre des Prêcheurs, croit à l'intelligence et à la liberté.

C'est en 1960 au Japon, au Rwanda en 1965 et surtout en France de 1973 à 1976 que je vivrai les difficiles et magnifiques expériences des amitiés inédites, et sous différents aspects. J'y apprends ma fragilité dans les compagnonnages improvisés d'un campus universitaire ouvert à toutes les influences.

Toutefois, l'amitié ne va pas de soi. Elle est et elle sera toujours un dur apprentissage.

D'autre part, cette solitude à Caen, en France (1973-1976), sur le campus, offre les grandes richesses de l'apprentissage de la solitude. Ces nombreux étudiants qui ne cessent de m'interpeller…

Cette jeunesse du campus m'instruit tout autant des bienfaits de ma situation de célibataire que des difficiles attentes des amitiés possibles. Difficile équilibre pour un juste milieu entre la tendresse naturelle et les fausses attentes.

Grâce à cette solitude, nouvelle et provisoire, j'apprends la vie des jeunes sur le campus, les tiraillements des amours naissants, la possibilité des amitiés entre jeunes et adultes, entre hommes et femmes. Extraordinaire richesse.

Finalement, et ma conviction est profonde, les vraies amitiés sont davantage une conquête en devenir pour un équilibre toujours mobile entre l'offrande et la possession.

Ce que savent bien ces couples de gens âgés qui se retrouvent à 70, 80, 90 ans (plus que jamais) fixés sur l'essentiel du « il y a plus de grand bonheur à donner qu'à recevoir ».

NIAGARA OU PERCÉ

Quand on me demande si je suis déjà allé aux chutes du Niagara, je n'ai pas de réponse autre que celle d'y être souvent allé dans les années 1945, alors que j'étudiais tout près, à Toronto.

C'est moins mes yeux qui réclament aujourd'hui les meilleurs souvenirs que mes oreilles, qui demandent à réentendre le son profond des chutes. Force sauvage d'une nature sûre d'elle-même! Inépuisable trajet d'une mobilité aquatique.

Puissance verticale d'une eau en descente! L'écho qu'elle fait!

Et je relis Confucius (1, 81) qui me dit: «Sous le ciel, rien n'est plus souple et plus faible que l'eau, mais pour entamer le dur et le fort, rien ne la surpasse. Rien ne peut la remplacer.»

Depuis que j'ai vu et entendu les chutes du Niagara, il n'y a que le rocher Percé en Gaspésie pour m'instruire aussi fortement des vertus et de la toute-puissance de l'eau... Sauf que le rocher Percé m'instruit, mais sans bruit. Je le préfère.

FRÈRE MICHEL LALIBERTÉ, O.P. (1934-2004)

Voici un vrai frère « convers ». Un « frère à tout faire ». Rien qu'un « p'tit frère », comme il me disait souvent avec un léger sourire, et sans la moindre trace d'amertume. Le frère à tout faire, il est à l'orgue, à la buanderie, à la cuisine, à la porterie, à l'entretien des salles. Il est sacristain, il est conducteur de voitures… il est peintre en bâtiment. Il rend tous les services possibles à la communauté. Avec l'avantage qu'il pense et travaille vite, et qu'il ne compte jamais ses heures. Le tout avec un sourire qui en dit long sur son grand cœur.

Celui qui a tant donné à la communauté des pères dominicains adorait aussi conduire l'automobile. Durant presque trente ans, il m'aura conduit ici, là, partout, faisant des allers-retours, le même jour si possible. En plus, il était doué d'une mémoire visuelle étonnante, il était rare qu'il ne se souvînt pas des dates, des lieux, des personnes rencontrées dix, quinze ans plus tôt.

Sa collection de photos de clochers d'église signifie à sa manière que cet homme de la route était tout autant avide de spiritualité.

Nous avons beaucoup causé durant nos multiples trajets. Une question revenait souvent : « Qu'est-ce qui va se passer l'autre bord, au ciel ? » « Qu'est-ce qu'on va faire pour passer le temps ? » Invariablement, je lui répondais : « Ça ne sera pas comme ici, frère Michel. Ça va être sûrement autrement... »

Frère Michel Laliberté se dit prêt à se rendre au ciel... tout de suite, disponible encore à rendre quelques services aux gens d'en haut.

Il est décédé comme il se devait : vite, en quelques secondes, à la fin du repas du soir, le 27 décembre 2004.

LIONEL GROULX (1878-1967)

Né à Vaudreuil en 1878, Lionel Groulx meurt au même endroit le 23 mai 1967. Prêtre, écrivain, professeur, nationaliste.

Plus il affirme son nationalisme, plus il m'oblige à réfléchir. Et je ne suis pas toujours à l'aise avec certains de ses «disciples» prêts à s'enfermer dans des partisaneries qui enlèvent au patriotisme sa ferveur unificatrice.

Cela dit, je le rencontre pour la première fois en 1950, alors que je viens de publier un court texte intitulé: «Pourquoi aimer le Moyen Âge». J'y fais, en récapitulant les faits marquants de son histoire, l'éloge du Canada français. Ça lui plaît. Je me sens honoré pour ne pas dire davantage.

Une franche amitié est née.

Notre amitié se solidifie du double fait qu'il est aussi prêtre et ami de Thérèse de l'Enfant-Jésus. Sa fidélité à l'eucharistie m'impressionne tout autant. Tous les jours il s'arrête à l'église pour y prier… Lui, prêtre écrivain, historien, savant à sa manière, patriote et priant. Ça me plaît, ça me rassure…

Sauf que… l'abbé qui a fondé en 1947 la *Revue d'histoire de l'Amérique française* n'aime pas trop, ou n'aime pas du tout, que je sois lié à *Maintenant,* revue légère à son avis et trop critique de nos mœurs religieuses des dernières années. Peu importe! Quand je lui propose un projet d'édition critique de ses œuvres, Lionel Groulx ne peut être qu'affirmatif. Autant que je suis fier d'avoir signé en 1967, l'année même de sa mort, *Lionel Groulx,* qui paraît chez Fides, dans la collection «Classiques canadiens».

Les années ont passé. Groulx est oublié sinon mis à part par la majorité des historiens québécois de la nouvelle vague. Mais j'ai appris du fleuve que les vagues passent, se brisent d'elles-mêmes et que lui, le fleuve, il dure. Je pense à Saint-Denys Garneau, jadis mis au rancart et aujourd'hui lu, relu, réédité.

Patience, les amis! Groulx reviendra!

POURQUOI AVOIR TANT APPRÉCIÉ H.-I. MARROU (1904-1977)

Henri-Irénée Marrou est ce professeur français qui, tous les deux ans de 1948 à 1968, enseignait à l'Institut d'études médiévales de l'Université de Montréal.

Ma grande admiration à l'égard d'Henri-Irénée Marrou tient à l'idée première que grâce à lui j'exprime ma profonde reconnaissance envers la France, la patrie des Lacroix venus du Poitou et de la Normandie. Il y a aussi que le professeur Marrou est un excellent professeur, écrivain, humain à tant d'égards. À Montréal, il habite chez moi, chez les pères dominicains.

Événement encore plus heureux : mon père, causeur émérite, a passé une soirée complète (le 7 octobre 1956) avec Marrou. Tous les deux à l'aise, sans dire d'autres mots que les mots du pays. Marrou dit et répète à qui veut l'entendre que « Monsieur Lacroix » et lui se sont compris « sans le moindre effort ».

Finalement, pour tout avouer, je dirais que Marrou a le physique de mon père : même taille ou presque, chauve ; comme lui, il a un débit rapide de paroles, l'esprit vif et ouvert à tout ce qui s'appelle sagesse et culture populaire. À vous, les psychanalystes!

Les années ont passé, papa est décédé en 1969, Marrou en 1977.
Depuis, il y a de ces moments où la France et moi ne faisons qu'un pays! Et, chaque fois, Marrou n'est pas loin.

LES TROIS JOHNSON

Daniel Johnson que j'ai connu en premier, né en 1915 (lui aussi!), est décédé subitement en 1968. Il est le père de Daniel et de Pierre-Marc.

Je les ai connus tous les trois le même jour, au mariage de Daniel fils, le 9 septembre 1967. Daniel père est alors premier ministre du Québec (1966-1968) : un homme d'une grande humanité, simple, courtois, je dirais même tendre et généreux.

Moi, le rural, c'est la première fois que je me trouve en compagnie d'un chef d'État. Je n'avais jamais imaginé la chose possible, mon opinion des politiciens n'étant pas des plus favorables. Je suis ravi, converti, pour ne pas dire subjugué.

Daniel Johnson fils — né en 1944 —, je le perçois alors plutôt timide, réservé, mais d'une telle gentillesse! J'apprends par la suite qu'il occupe un poste important dans la haute finance. Le même Daniel fils deviendra député en 1981 et premier ministre en 1989. Comme son père, il m'inspire confiance. Je suis d'autant plus admiratif que né pauvre en Bellechasse, je ne m'étais jamais imaginé qu'un jour je rencontrerais de plus près encore un autre premier ministre.

Quant au jeune frère Pierre-Marc, né à Montréal le 5 juillet 1946, je le rencontre en 1967! Il est jeune, fringant, il aime la parole. Il deviendra avocat, plus tard médecin, et en 1985, lui aussi premier ministre du Québec. Je le revois par la suite ici, ailleurs. Les épreuves de la politique partisane ne l'empêchent pas d'être un démocrate né au service des meilleures causes sociales.

Quel privilège d'avoir connu des hommes d'une telle qualité!

Le temps passe, les événements se succèdent. L'amitié douce et silencieuse avec les Johnson demeure telle qu'elle ne demande même pas de se prouver par des visites et des paroles. Ce respect mutuel aujourd'hui nous suffit. Cette amitié n'a pas besoin de mots tant elle va de soi.

CE QUE JE VOIS...

Ce que je vois en tout premier lieu de ma fenêtre au deuxième étage du couvent Saint-Albert-le-Grand, au 2715, Chemin de la Côte-Sainte-Catherine, Montréal, ce sont deux épinettes hautes et grandioses, de toute évidence têtues. Puis, autour, un parterre d'herbe fraîche. Quelques fleurs en été, des plages enneigées en hiver; tout près, d'autres arbres, le clocher, un toit de chapelle, le trottoir, avec des gens de tout âge qui vont, viennent, reviennent.

Juste en face, mon Université de Montréal et, du même regard, tout près, l'École polytechnique. En me tournant vers la droite, c'est l'École des hautes études commerciales, le collège Brébeuf, l'hôpital Sainte-Justine. Et si je balance la tête, droite, gauche, voici des toits de maisons, des résidences pour étudiants, l'oratoire Saint-Joseph, la montagne.

Au-dessus, pour ne pas dire au-delà, le firmament, le ciel bleu ou gris, le soleil toujours possible et des nuages. À la brunante, des étoiles, la lune à l'occasion.

En somme, l'univers.

Tant à voir. Tout à aimer!

LA LIBERTÉ, ÇA S'APPREND...

Mille façons de l'apprivoiser.

Autant de visages, autant de libertés.

Je suis libre. Libre de penser, de croire, d'espérer, libre de désirer, de me souvenir, libre d'aimer.

Ce qu'il y a de meilleur en moi, je l'offre librement... à la société qui m'accueille.

Parfois j'entends mon père chanter sur un air et des mots venus de France :

Joyeux enfants du pays de Bohême.
La liberté fut mon sort le plus doux.
Voici le temps où l'on vit où l'on aime.
J'ai résolu de vivre parmi vous.

Bien sûr, mon père ne m'a jamais parlé de liberté. Un mot qu'il ne connaissait qu'en le chantant. D'où peut-être sa vérité.

ESTHER

Esther a douze ans. Sa mère absente, et pour cause, se prostitue. « Faut bien vivre. »

Esther a des yeux différents de ceux de toutes les jeunes adolescentes que j'ai rencontrées dans ma longue vie : des yeux déjà feutrés, des yeux rien qu'en désirs.
Elle m'aime parce qu'elle aime.
« Benoît, tu es mon papa. Benoît, je veux te marier… »

Est-ce ici l'amour à sa source, quelque peu inconvenant ?

Pour le moment, l'amour pur comme de l'eau de roche est sans défense et si fou qu'il espère tout, qu'il aime tout.
Tout amour à ses débuts ne peut être ainsi que pur et divin.
Merci Esther !
P.-S. Elle n'est pas revenue !

DANSES CARRÉES

Comment expliquer qu'à un âge plutôt respectable, n'ayant ni le souffle ni l'agilité de les pratiquer, je sois encore épris du souvenir de mes danses carrées d'autrefois?

Et pour ajouter du sérieux à ma question, je dirais qu'entre-temps j'ai vu en spectacle ou à la télévision les meilleurs danseurs au monde. Que j'ai aussi suivi de près la carrière des grandes étoiles du Québec en la matière, dont la divine Anik Bissonnette.

En me posant la question, j'entrevois une fois de plus que la danse carrée d'antan sur le 3ᵉ Rang répond à une logique toute simple: l'on ne s'amuse bien que si l'on a bien travaillé. La danse n'opère vraiment qu'en fin de journée et ne doit sa notoriété qu'à elle-même: la valorisation du pas initial en cadence, ainsi que le font souvent les enfants au retour de l'école.

En l'occurrence, il s'agit d'honorer premièrement le pas par rythme et promotion. Aussitôt entendu l'appel premier du «câleur» s'opère la mécanique du *swing and swing...* Tourne retourne, pas à pas, pas un pas qui ne soit attendu. Chacun y va comme il sait, de toute son âme, de toutes ses forces... joyeusement, gratuitement, follement.

Tam ti dilam tam ti…
Les hommes autour
Les femmes à l'entour
Chacun son tour…
… Tout le monde danse
Tout le monde balance
… Et swing la baquaise
Dans l'fond d'la boîte à bois !
Swingnez-la mais pas trop fort
Attention
À son p'tit corps… Tam ti dilam tam ti…

Permise et promise aux humbles du sol, la danse carrée, c'est peut-être la seule qui leur soit «naturelle» après une «grosse journée à labourer».

Les autres danses ne seraient-elles plutôt que commentaires des premières «swingneries» du pays?

BÉNÉDICTION PATERNELLE

Premier jour de l'année. Vers les huit heures du matin, papa encore à la grange à soigner les animaux. Nous, les enfants, à la maison, sagement rangés autour de la table à déjeuner, discutons à voix basse du retour prochain de notre père pour la célèbre bénédiction paternelle.

Atmosphère unique. Même notre mère est intimidée. Comment papa peut-il nous bénir et nous dire sans broncher « au nom du Père, du Fils et du Saint-Esprit », lui qui ronfle durant le chapelet à la maison et qui dort pendant les sermons à l'église ?

Papa entre, enlève son *coat* d'hiver et ses bottes.
  Pas un mot. Il s'approche lentement, nous nous mettons à genoux.
  Serait-il comme par hasard devenu timide ? Le moment est sacré :
  « Je vous bénis, les enfants, au nom du Père, du Fils et du Saint-Esprit. »
  C'est fait.
  Nous nous levons.
  Silence, quelques secondes encore.

Jamais, de toute ma vie, je n'aurai vécu des moments aussi mystérieux que la bénédiction donnée par papa, le grand parleur, qui tout à coup — le temps d'un instant — nous bénit et se tait.

En même temps, nous avions comme l'impression qu'il existait des rites sacrés autres que ceux de l'église du village, qu'il y avait des mots empruntés qui pouvaient devenir les nôtres, être dits et pratiqués à notre façon.

Si c'était vrai que la bénédiction de papa valait autant que celle du prêtre !

L'ÉCHO QUI DIT ET REDIT

Plus que toute théorie, et avant toute théorie, devais-je dire, l'écho est pour moi l'objet d'heureux rappels, à tel point que si je me recueille et oublie tous les bruits de la rue, je peux encore, et de mémoire, me souvenir de Ti-Lou mon chien qui jappe à tout venant, du coq qui me réveille le matin, de mon père qui chante *À la claire fontaine* en soignant ses animaux.

Et j'entends tout autant la musique du violon de mon oncle Alphonse ou de l'accordéon de Ti-Jos Lamontagne...

À mesure que ma vie s'en va, on dirait que l'écho se fait plus intense, le présent plus bref et le souffle plus court.

C'EST L'ANGÉLUS
QUI SONNE...

Tout petit, je croyais comme grand-mère que la musique de l'angélus était un cadeau du ciel, là où jour et nuit chantent les anges. Même si nous ne les entendons pas «à cause du vent de l'ouest qui se sauve avec les sons».

Avec le temps, j'apprendrai comment, à sa façon, la musique mesure le temps, rythme nos vies et nos amours... jusqu'à la mort.

Avec le temps encore se sont greffées bien des raisons d'aimer l'angélus.

Aujourd'hui, j'entends comme un avertissement aux gens du pays: si vous cessez d'entendre l'angélus, si vous perdez le goût des «choses d'en haut», vous tarissez une source à votre portée.

Attention! Attention! À trop préférer tes gratte-ciel aux clochers, tu risques un jour peut-être de perdre le nord!

Ça me rappelle aussi, aujourd'hui, qu'un jour les cloches sonneront pour Benoît Lacroix, R.I.P.

MADEMOISELLE SYLVAIN

En causant avec mon père — il est d'une mémoire exception-
nelle —, j'apprends le nom de ma première maîtresse d'école,
école dite aujourd'hui rurale, du 3ᵉ Rang Ouest à Saint-
Michel-de-Bellechasse.

Je me souviens bien : pas grande, gentille, tout le monde
l'aime, les jeunesses se moquent «qu'à cause qu'écrianchée»
elle marche croche.

Peu importe! Moi je l'aime. Je l'aime parce qu'elle parle
«beau», qu'elle me punit rarement.

Aujourd'hui, plus que nonagénaire, après avoir fréquenté les
universités, connu des étudiants et des professeurs de partout,
il m'arrive de penser à mademoiselle Sylvain décédée depuis
longtemps. Je lui dois d'avoir aimé… et d'avoir appris sans les
oublier les plus beaux mots de la langue française.

Merci mademoiselle Gertrude Sylvain!

« MA CLEF DE PORTE »

Il m'est arrivé de m'exiler de ma communauté durant plusieurs mois, en raison d'un séjour d'enseignement à l'étranger.

Me voici à Caen, seul en appartement, clef en main ; je suis bel et bien chez moi. Chez moi, tout seul. Cela me paraît, pour le moment, comme un certain acquis. J'apprendrai à vivre autrement : non plus à tout recevoir de ma communauté de Montréal, mais bien à gagner ma vie, à tenir maison, à cuisiner, à aller au marché…

Mais la clef ? Ah… la clef ! Je ne peux pas la supporter. Elle m'humilie.

J'explique : tout petit à la maison, à la ferme, il est interdit de fermer la porte à clef : c'est au cas où, pendant la nuit, quelqu'un aurait besoin d'entrer pour se nourrir, dormir.

Suprême impolitesse qu'une porte fermée à clef. « Ça ne se fait pas, même à la grange. »

L'univers ne nous appartient pas. Ni la maison, ni la grange, ni le bétail. Ainsi éduqué par une longue tradition familiale, je trouvai bien humiliant à 50 ans de m'obliger à fermer à clef la porte de mon petit appartement, campus étudiant, 24, rue du Moulin…

LE CREDO DU PAYSAN

Papa le chantait si bien, le *Credo du paysan*. De mémoire. Jamais une hésitation :

« Je chante pour le Bon Dieu et y a pas de temps à perdre. »

Il le chante au champ, en revenant de bûcher, à la grange devant ses animaux.

Il m'arrive encore maintenant d'entendre mon père y aller de sa voix forte, naturelle et spontanée : « L'immensité, les cieux, les monts, la plaine / L'astre du jour qui répand sa chaleur / Les sapins verts dont la montagne est pleine / Sont ton ouvrage, ô divin Créateur… JE CROIS EN TOI, MAÎTRE DE LA NATURE… »

Les paroles du *Credo du paysan*, qui daterait de 1890, seraient de F. & S. Borel et la musique de Gustave Goublier. Ça allait rester longtemps ma prière préférée ; j'étais certain que Dieu m'aimait beaucoup, moi, fils d'habitant, jusqu'à me laisser entrevoir chaque jour, à la ferme et autour, « l'immensité, les cieux, les monts, la plaine ».

MES MITAINES

Quand, exactement, ai-je eu la certitude première que ma mère était décédée ?

Au fait, elle est décédée le 16 janvier 1951, vers les 9 heures du matin. L'appel téléphonique est venu le lendemain au couvent des pères dominicains, 95, avenue Empress, Ottawa. Avec le ton et la précaution des mots, question de ne pas me heurter : « Viens-t'en, maman ne va pas bien. »

Le lendemain, je prends le train pour La Durantaye. Arrivé à la gare, mon frère est là. Il ne parle pas. Je le sens ému. Il ne fait aucun doute que maman est décédée parce qu'aujourd'hui, pour la première fois, je n'ai pas en main les grosses mitaines. Ces grosses mitaines, maman les mettait toujours dans un sac pour qu'aussitôt sorti du train, mes doigts ne gèlent pas…

Le sac n'est pas là. Ni les mitaines… ni maman !
J'ai froid.

PRÔNES ET SERMONS
DES ANNÉES PASSÉES

Il arrive que ma mère malade ne puisse assister à la messe, et elle a bien hâte d'en avoir des nouvelles. Dès que mon père rentre à la maison, elle insiste et sur le contenu du prône et sur les mots du sermon.

Il faut tout de suite se remémorer que, dans les années 1920, le dimanche est le jour le plus attendu de toute la semaine. Les gens n'ont encore ni téléphone ni électricité; ils n'ont en fait pour se distraire que le dimanche et, en hiver, quelques veillées en surplus.

C'est surtout à l'église que la vie sociale prend corps. Moment quasi sacré du savoir oral paroissial. Monsieur le curé résume lors du prône tout ce qu'il a appris durant la semaine : naissances, maladies graves, décès, accidents et autres nouvelles du pays.

Le sermon, lui, obéit à des rubriques à la Bossuet. L'exposé est en trois points. La finale nous conduit au ciel : «C'est la grâce que je vous souhaite.» Pour bien le différencier du prône, monsieur le curé risque au tout début quelques mots latins avec le signe de croix... C'est à ce moment précis que mon père s'endort. Un sommeil d'office! Il a beaucoup travaillé, il est à jeun depuis minuit.

Si, à la maison, ma mère insiste trop pour entendre le résumé du sermon, mon père a trouvé la formule qui lui va : « Tu me demandes ce que monsieur le curé a dit ? Je te dis, moé, qu'il ne l'a pas dit ce qu'il a dit... » Ou encore, plus moqueur : « Les mots de son sermon que j'aime le plus, c'est quand il dit "Je termine", pis qu'il te souhaite le ciel. »

LES LONGS SERMONS
DU CURÉ BÉLANGER...

Ah! les sermons du curé Bélanger. C'est ce temps premier où des curés isolés dans leur presbytère, et l'ennui s'en mêlant, se sentent obligés jusqu'à l'obsession de prêcher souvent et longtemps. Ils prêchent parfois à l'excès contre l'empêchement de la famille, contre l'intempérance et contre les «sacrures»... ou jurons, sans rappeler en hiver cette obligation absolue pour chaque paroissien, pour chaque paroissienne, de «faire ses Pâques une fois l'an»...

Tous les prétextes sont bons, toutes les adaptations sont valables pour encourager la pratique des sacrements et la morale conjugale. Par exemple, la fête liturgique de la Sainte-Famille est le moment d'inviter les femmes à avoir le plus d'enfants possible. Un bon sermon musclé sur la tempérance s'impose le dimanche où l'on raconte les Noces de Cana. Le 19 mars, fête de l'ouvrier saint Joseph, est le jour idéal pour dire et redire que ce dernier, un excellent menuisier, a dû construire des confessionnaux et que le temps de se confesser est arrivé!

Évidemment, nous les enfants avions de la difficulté avec ces «discours» interminables... et admirions d'autant plus monsieur le vicaire qui parlait moins longtemps et qui nous instruisait avec des mots plus jeunes que ceux de monsieur le curé. Sommeilleux émérite, mon père préférait toujours les sermons plus élaborés du curé Bélanger. « Je dors mieux, à cause que je sais déjà de quoi y va parler. »

À LA MÉMOIRE DE MADAME HERMINE PRÉVOST-GARNEAU (1885-1953)

Une grande dame à l'allure aristocratique et seigneuriale. Et pourtant d'une grande simplicité. Elle est la mère du poète, peintre et écrivain Hector de Saint-Denys Garneau (1912-1943). Notre première rencontre ainsi que les nombreuses autres qui suivirent eurent lieu entre les années 1945 et 1950 : d'abord à sa maison de Westmount, mais surtout au manoir ancestral à Sainte-Catherine-de-Fossambault (aujourd'hui Sainte-Catherine-de-la-Jacques-Cartier), dans la région de Portneuf.

Nous nous entendions bien, au point qu'elle me mettait au courant de toutes les affaires familiales et même des petites misères normales entre gens sensibles, intelligents et aux idées parfois arrêtées.

Madame est pieuse, observante, dévote, et parle abondamment de la religion traditionnelle. Elle aime ses rites et ses habitudes dominicales. Elle m'avoue qu'elle aurait souhaité, mais sans jamais le lui dire, que Saint-Denys fasse un prêtre. Ce qui, à l'époque, implique une certaine promotion sociale. Aussi, dès qu'elle lit certaines pages du journal de son fils bien-aimé Saint-Denys, elle réagit à sa manière, s'étonne, excuse.

Oui, elle me fait confiance, jusqu'à me remettre un jour tous les écrits de son fils préféré, tout ce qu'elle a gardé et préservé avec soin. Son inquiétude est grande : la peur normale d'une maman qui ne voudrait jamais qu'on se méprenne sur les intentions de son fils, original dans ses propos et parfois dans sa conduite.

Son époux, Paul Garneau (1876-1953), est complètement sourd alors, et pourtant il aime causer. Pour ma part, j'ai toujours admiré cette patience partagée d'un couple âgé qui m'a honoré de sa confiance et de son amitié.

JE RELIS HECTOR DE SAINT-DENYS GARNEAU

Ses plus belles pages. Ses plus beaux mots. Jamais oubliés.

« Moi ça n'est pas pour vous parler / Ça n'est pas pour des échanges conversations / Ceci livré, cela retenu / Pour ces compromissions de nos dons… C'est pour savoir que vous êtes, / Pour aimer que vous soyez. »

Tel est, à bien des égards, l'amour mystique, sinon l'amour courtois au Moyen Âge. Amour qui vise l'Infini, l'Ineffable, l'Absolu, l'Impossible accomplissement. Peut-être se taire… et simplement penser ? Ou prier.

Saint-Denys Garneau est avant tout à la recherche des mots. Des mots qui disent tout. Des joies parfaites du dire parfait. « J'ai senti la terrible exigence de mots qui ont soif de substance. »

Peine perdue. La perfection n'est pas de ce monde.

« Je marche à côté d'une joie / D'une joie qui n'est pas à moi / D'une joie à moi que je ne puis pas prendre… »

AMOUR, QUI ES-TU ?

Tu es Bien en soi.
  Tu es éternel, illimité, omniprésent, absolu.

Tu crées tout, tu sais tout.
  Sans toi rien n'est vrai.
  Sans toi rien n'est.
  À tel point que nous en avons conclu que DIEU EST AMOUR.

Sur terre, chez nous, il y a une distinction qui circule : il y a L'AMOUR AU MASCULIN, il y a l'AMOUR AU FÉMININ.

L'AMOUR AU FÉMININ ? On le dirait unique, intense à volonté, excessif au besoin, à bien des égards d'une nature telle que sa tendresse est toute en créativité, en ce sens incomparable à l'échelle humaine.
  L'AMOUR AU MASCULIN ? On le dirait plus rationnel, plus prédateur, plus déterminé en termes pratiques. C'est l'amour de tant d'hommes qui ont subi toutes les épreuves, et souvent la mort, pour aller au bout de leur choix. Je pense ici à mes cimetières de Normandie des années 1939-1945 : y dorment

des jeunes, en majorité des jeunes qui auront tout donné à leur pays.

Amour, qui es-tu ?

Oui, j'ai longuement pensé à Jésus de Nazareth, mort d'amour dans la trentaine, après avoir tout donné. Au point que depuis ce temps, je me dis et redis encore : *Dieu est AMOUR.*

Mystère ! Mystère !

TABLE DES MATIÈRES